前　　言

由北京盾构工程协会组织编制的《中国盾构工程产品企业名录》于2018年首次出版发行，2020年再版。前后两版《中国盾构工程产品企业名录》的编制和出版发行，有效助推了盾构工程行业各企业之间的信息沟通与交流合作，为我国盾构工程行业发展作出了重要贡献，得到了业内普遍的赞誉和肯定。

近几年来，我国盾构工程行业仍然稳健快速发展。在以习近平同志为核心的党中央关于创新驱动引领高质量发展战略的指引下，我国盾构工程行业传统产品不断更新换代，新技术、新产品不断涌现，尤其是智能制造和智能建造技术更是突飞猛进。基于上述原因，已经发行近四年的《中国盾构工程产品企业名录》（第2版）中有不少技术、产品的信息需要更新，加之由于一批新进入盾构行业企业的迫切要求，北京盾构工程协会决定在《中国盾构工程产品企业名录》（第2版）的基础上进行修订再版。为方便查阅，第3版仍然延续前两版企业和产品的分类模式。

我们相信《中国盾构工程产品企业名录》（第3版）的出版发行，能够更有利于采购方和供应商进行信息互通和交流，使全国盾构行业朝着规范化、高效率和低成本的方向发展。同时也希望有关企业可以从本书信息中获得启发和激励，研发出更新更好的技术与产品，共同为我国盾构工程行业发展作出更大的贡献。

本书的编制和出版发行得到了业内众多企业的支持和帮助，在此表示衷心感谢。如有错讹及不足之处，也敬请批评指正。

乐贵平

24年9月

公司简介

COMPANY PROFILE

上海米度测量技术有限公司致力于盾构导向技术及地下空间智慧测量，集研发、生产、销售、租赁、技术服务于一体的自动测量解决方案提供商。

米度成立至今已研发出了盾构、顶管、特种工程设备等多个系列的自动测量产品以及信息化、智能化监控平台。公司拥有多项专利技术、软件著作权及科技成果，居行业领先地位。

2010
在上海成立

2015
评为国家高新技术企业

2020
入选“专精特新”中小企业

发明专利	实用新型	软件著作权	质量管理体系
6 项	21 项	35 项	认证（ISO9000）

企业愿景	产品理念	企业使命	经营理念
权威的隧道测量产品和服务提供商	准确—稳定—简单—易用	隧道工程准确贯通	用户利益至上

主要业绩

KEY RESULTS

米度产品在盾构、综合管廊、煤矿开采等领域得到了充分的应用，其中盾构导向系统在国内各大城市以及东南亚的地铁施工成功应用项目达400多套。

主营产品

MAIN PRODUCTS

智慧盾构

米度MTG-T盾构导向系统基于精准测量盾构姿态的基础上，联合管片选型系统、盾尾间隙测量系统、渣土体积测量等系统为现场施工提供了科学的数据模型，实现了盾构施工信息自动化测量，是智慧盾构的关键技术基础。

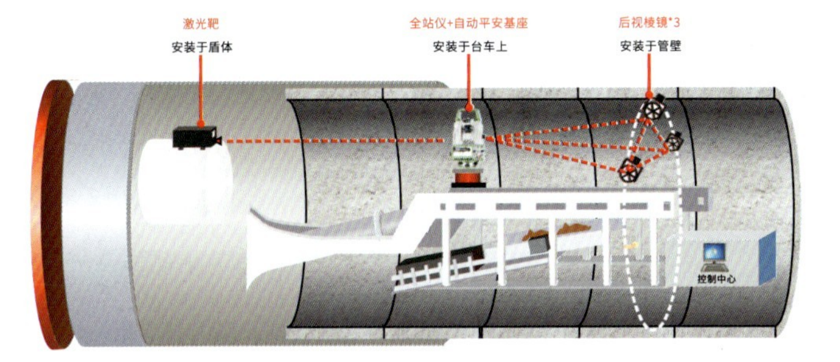

智慧盾构系列产品

- 盾构导向自动测量系统
- 导线自动化测量系统
- 渣土体积自动测量系统
- 盾构自动巡航系统
- 管片选型系统
- 盾构导向自动测量系统

特种设备自动测量系统

为配套悬臂式掘进机研制的MMGS悬臂式掘进机导向系统可在强震动、潮湿、高粉尘的恶劣环境中自动测量掘进机姿态、可以有效控制超欠挖。米度MTG-L曲线顶管导向系统打破长距离顶管掘进导向这一行业难题，加快综合管廊行业的发展。

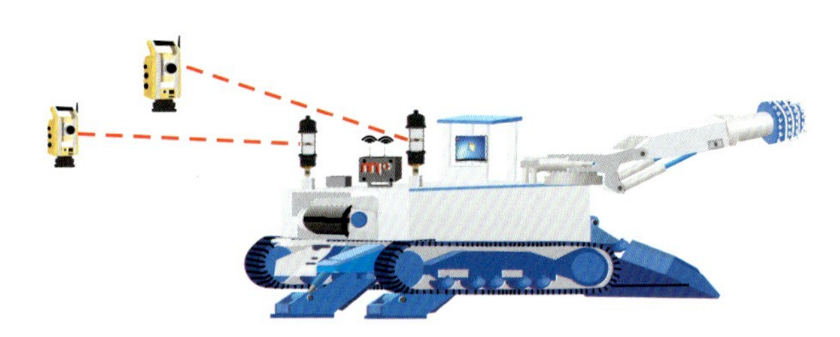

特种设备自动测量系列产品

- MMGS悬臂掘进机导向系统
- 建筑物自动化检测系统
- PAGS管环拼装定位系统
- 联络通道掘进机导向系统
- 曲线顶管导向系统
- 水平定向钻导向系统

设备管理服务

MANAGEMENT SERVICES

适用于国内外各品牌的全品类导向系统

维护保养	系统检测运行	全站仪检定	控制测量数据计算
专人保管	导向系统拆机	断面数据复核	盾构机特征点布设
系统调配	始发安装调试	系统使用培训	导向系统零配件故障维修
洞门计算	中线计算复核	物流至指定地点	盾构机始发初始姿态计算
陀螺定向	管环姿态计算	激光靶参数计算	施工过程中盾构机姿态复核

上海市青浦区高泾路599号北斗产业园区 A 座 305 室

021-50171836/50329515

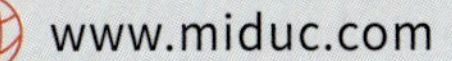
www.miduc.com

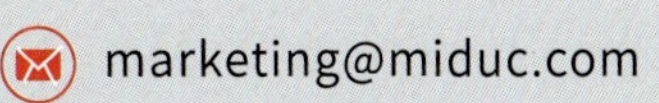
marketing@miduc.com

ADEKOM
Kompressoren

卡佩姆传动
KPMBAT

C&O
Customize & Optimize
为用户定制并优化

目　录

1

第1章

盾构机、隧道掘进机（TBM）及顶管机整机制造企业

中铁工程装备集团有限公司

公司地址：河南省郑州市经济开发区第六大街99号
电　　话：0371-60608666
传　　真：0371-60608800
网　　址：www.crectbm.com
主要产品：盾构机、TBM、顶管机

中国铁建重工集团股份有限公司

公司地址：湖南省长沙市经济技术开发区东七路88号
电　　话：400-8956789
传　　真：0731-84071800
网　　址：www.crchi.com
主要产品：盾构机、TBM、顶管机

海瑞克股份公司

公司地址：北京市朝阳区永安东里 16 号 CDB 国际大厦 601A
电　　话：010-65675088
传　　真：010-65676769
网　　址：www.herrenknecht.com
主要产品：盾构机、TBM

中交天和机械设备制造有限公司

公司地址：江苏省常熟市高新技术园义虞路123号
电　　话：0512-52035288
传　　真：0512-52035299
网　　址：www.ccccth.com
主要产品：盾构机、TBM

上海隧道工程有限公司

公司地址：上海市宛平南路 1099 号
电　　话：021-58301000
传　　真：021-58307000
网　　址：www.stec.net
主要产品：盾构机、TBM

济南重工集团有限公司

公司地址：山东省济南市东郊机场路
电　　话：0531-86139276
传　　真：0531-88288246
网　　址：www.jinanhi.com
主要产品：盾构机、TBM

广东华隧建设集团股份有限公司

公司地址：广东省广州市花都区新华街迎宾大道95 号交通局大楼 13 楼 1308 室
电　　话：020-85160981
传　　真：020-85272530
主要产品：盾构机、TBM

中铁山河工程装备股份有限公司

公司地址：广东省广州市荔湾区中南街道花地大道南 657 号广州工控 C1 栋 25 楼
电　　话：020-22338937
网　　址：www.crstbm.com
主要产品：盾构机

北方重工集团有限公司

公司地址：辽宁省沈阳市经济技术开发区开发大路 16 号
电　　话：024-67859175
传　　真：024-67859175
网　　址：www.china-sz.com
主要产品：盾构机、TBM

辽宁三三工业有限公司

公司地址：辽宁省辽阳市向阳工业园区鞍阳街 33号
电　　话：0419-7182999
传　　真：0419-7183999
网　　址：www.lnsstbm.com
主要产品：盾构机、TBM

中铁科工集团轨道交通装备有限公司

公司地址：湖北省武汉市江夏区庙山经济开发区幸福工业园
电　　话：027-81990321
传　　真：027-81990330
网　　址：www.crsic.cn
主要产品：盾构机、TBM

中船（青岛）轨道交通装备有限公司

公司地址：山东省青岛市高新区春阳路 801 号
电　　话：0532-58828370
网　　址：www.csic-tbm.com
主要产品：盾构机、TBM

徐工集团凯宫重工南京股份有限公司

公司地址：江苏省南京市江宁区滨江开发区广济路 189 号
电　　话：025-84913673
传　　真：025-84913673
网　　址：www.kgheavy.com
主要产品：盾构机、顶管机

中建隧道装备制造有限公司

公司地址：江苏省南京市经济技术开发区润阳路 6 号
电　　话：025-85595158
网　　址：www.cscec.com.cn
主要产品：盾构机

安徽唐兴装备科技股份有限公司

公司地址：安徽省淮南市大通区上窑镇工业区
电　　话：0554-2796608
网　　址：www.tangxing.cn
主要产品：顶管机

扬州广鑫重型设备有限公司

公司地址：江苏省扬州市江都区黄海路 6 号
电　　话：0514-87856399
传　　真：0514-87891788
网　　址：www.dingguan.cn
主要产品：顶管机

扬州地龙机械有限公司

公司地址：江苏省扬州市江都区武坚工业园区
电　　话：13852589366
邮　　箱：Betty@yzdilong.com
网　　址：www.yzdilong.com
主要产品：顶管机

徐州工程机械集团有限公司

公司地址：江苏省徐州市经济开发区驮蓝山路26号
电　　话：0516-87565106
传　　真：0516-87739999
网　　址：www.xcmg.com
主要产品：悬臂挖掘机

山东优拓工程装备有限公司

公司地址：山东省聊城市经济技术开发区武夷山路 6 号
电　　话：0635-2936566
网　　址：www.youtuo.net
主要产品：顶管机

安徽卓科智能装备有限公司

公司地址：安徽省淮南市凤台经济开发区 6 号
电　　话：0554-2310609
手　　机：13855416622
网　　址：www.ahzhuoke.com
主要产品：顶管机

第2章

盾构整机与部件再制造企业

中铁工程装备集团（天津）有限公司

公司地址：天津市自贸试验区（东疆保税港区）西藏路369号
电　　话：022-25606900
传　　真：022-25606900
网　　址：www.crectbmrm.com
主营业务：盾构维修及整机再制造

中国铁建重工集团股份有限公司

公司地址：湖南省长沙市经济技术开发区东七路88号
电　　话：400-8956789
传　　真：0731-84071800
网　　址：www.crchi.com
主营业务：盾构整机再制造

中交天和机械设备制造有限公司

公司地址：江苏省常熟市高新技术园义虞路123号
电　　话：0512-52035288
传　　真：0512-52035299
网　　址：www.ccccth.com
主营业务：盾构整机再制造

北方重工集团有限公司

公司地址：辽宁省沈阳市经济技术开发区开发大路16号
电　　话：024-25802581
传　　真：024-25851610
网　　址：www.china-sz.com
主营业务：盾构整机再制造

中铁科工集团轨道交通装备有限公司

公司地址：湖北省武汉市江夏区庙山经济开发区幸福工业园内
电　　话：027-81990321
传　　真：027-81990330
网　　址：www.crsic.cn
主营业务：盾构整机与部件再制造

辽宁三三工业有限公司

公司地址：辽宁省辽阳市向阳工业园区鞍阳街33号
电　　话：0419-7182999
传　　真：0419-7183999
网　　址：www.lnsstbm.com
主营业务：盾构整机再制造

中铁隧道局集团有限公司设备分公司

公司地址：广东省广州市南沙区南沙街工业四路2号9层
电　　话：020-32268731
网　　址：www.ctg-zysb.com
主营业务：盾构机整机与部件再制造

徐工集团凯宫重工南京股份有限公司

公司地址：江苏省南京市江宁区滨江开发区广济路189号
电　　话：025-84913673
传　　真：025-84913673
网　　址：www.kgheavy.com
主营业务：盾构整机再制造

京津冀再制造产业技术研究院

公司地址：河北省沧州市河间市河间经济技术开发区
电　　话：0317-5580882
传　　真：0317-5580882
网　　址：www.irit-jjj.com
主营业务：盾构机维保、再制造

小松（中国）投资有限公司

公司地址：上海市浦东新区金科路 2889 弄 6 号长泰广场办公楼 E 座 2F
电　　话：021-68414567
传　　真：021-68410233
网　　址：www.komatsu.com.cn
主营业务：盾构机零配（部）件

中铁工程服务有限公司

公司地址：四川省成都市金牛区金凤凰大道 666 号中铁产业园 A 区 11 栋 2 单元
电　　话：028-83222399
网　　址：www.cresc.cn
主营业务：盾构机维保、再制造

广东欣龙隧道装备股份有限公司

公司地址：广东省鹤山市共和镇玉堂路 25 号之七 6 楼
电　　话：13902555462
主营业务：盾构机维修再制造

北京奥宇可鑫表面工程技术有限公司

公司地址：北京市怀柔区金台园甲 1 号
电　　话：010-69654493
传　　真：010-69686198
网　　址：www.aoyuksin.com
主营业务：盾构机零部件再制造与修复

山西泰诺博锐隧道设备有限公司

公司地址：山西省运城市永济市黄河大道 17 号
电　　话：18600493096
网　　址：www.sxtnbr.com
主营业务：盾构机组装、维修、改造

江苏重亚重工有限公司

公司地址：江苏省建湖县经济开发区光明路99号
电　　话：13905116311
网　　址：www.jszyzg.cn
主营业务：盾构机维保、再制造

北京中间时代工程技术有限公司

公司地址：北京市大兴区西红门镇宏业路 9 号院 3 号楼 13 层 1314 室
电　　话：18008434166
主营业务：盾构 4S 基地联盟运营

南京雷贝科技有限公司

公司地址：江苏省南京市江宁经济开发区清水亭西路 2-20 号
电　　话：025-86169119
传　　真：010-80115555-714343
主营业务：进口减速机维修维保再制造

江苏泰隆减速机股份有限公司

公司地址：江苏省泰兴市文昌东路 188 号
电　　话：0523-87662416
传　　真：0523-87662169
网　　址：www.tailong.com
主营业务：减速机维修维保再制造

蚌埠市行星工程机械有限公司

公司地址：安徽省蚌埠市中粮大道 1206 号
电　　话：0552-4950555
传　　真：0552-4950900
网　　址：www.bbxxgcjx.com
主营业务：减速机维修维保再制造

湖北行星传动设备有限公司

公司地址：湖北省黄冈市黄州区青砖湖路 278 号
电　　话：0713-8828777、0713-8881678
传　　真：0713-8881688
网　　址：www.cngearboxes.com
主营业务：减速机维修维保再制造

南京卡佩姆机械有限公司

公司地址：安徽省滁州市来安县汊河镇宁浦二路 32 号
电　　话：13801630290
网　　址：www.kpmbat.com
主营业务：减速机维修维保再制造

洛阳轴承集团股份有限公司

公司地址：河南省洛阳市建设路 96 号
电　　话：400-6379000
传　　真：0379-64986287
网　　址：www.lyc.cn
主营业务：盾构机轴承修复

洛阳轴研科技有限公司

公司地址：河南省洛阳市涧西区科技工业园三西路一号
电　　话：18237986199
网　　址：www.zykj.cn
主营业务：盾构机轴承修复

洛阳特重轴承有限公司

公司地址：河南省洛阳市宜阳产业集聚区轴承专业园朝阳路 9 号
电　　话：0379-60109100
网　　址：www.ltzzc.com
主营业务：盾构机轴承修复

洛阳新强联回转支承股份有限公司

公司地址：河南省洛阳市新安县洛新工业园区九州路 1 号
电　　话：0379-67307618
传　　真：0379-67307619
网　　址：lyxqlbearing.com.cn/
主营业务：盾构机轴承修复

博世力士乐中国

公司地址：上海市长宁区福泉北路 333 号
电　　话：400-8807030
网　　址：www.boschrexroth.com.cn/zh/cn
主营业务：液压元件维修及再制造

安徽创伟液压智能制造有限公司

公司地址：安徽省合肥市庐阳区合瓦路 338 号
电　　话：0551-65550911
主营业务：液压维修保养再制造

安徽博一流体传动股份有限公司

公司地址：安徽省合肥市蜀山新产业园区仰桥路 1 号
电　　话：0551-65746519
网　　址：www.ahbylt.com
主营业务：液压元件再制造

第3章

盾构核心部件制造企业

3.1 主轴承、拼装机轴承及其他相关轴承

徐州罗特艾德回转支承有限公司

公司地址：江苏省徐州市经济开发区螺山路 15 号
电　　话：0516-87767170
传　　真：0516-87768946
网　　址：www.thyssenkrupp-rotheerde.com/cn
主要产品：盾构机主轴承

斯凯孚（中国）有限公司

公司地址：上海市黄浦区半淞园路 377 号
电　　话：021-53068866
传　　真：021-63617855
网　　址：www.skf.com.cn
主要产品：盾构机主轴承

铁姆肯（中国）投资有限公司

公司地址：上海市虹桥路 1 号港汇中心办公楼一座 27 层
电　　话：021-61138000
网　　址：www.timken.com
主要产品：其他相关轴承

舍弗勒贸易（上海）有限公司

公司地址：上海市嘉定区安亭镇安拓路 1 号
电　　话：021-39576666
传　　真：021-39576600
网　　址：www.schaeffler.cn
主要产品：其他相关轴承

洛阳轴承集团股份有限公司

公司地址：河南省洛阳市建设路 96 号
电　　话：400-6379000
传　　真：0379-64986287
网　　址：www.lyc.cn
主要产品：盾构机主轴承

洛阳轴研科技有限公司

公司地址：河南省洛阳市涧西区科技工业园三西路一号
电　　话：18237986199
网　　址：www.zykj.cn
主要产品：盾构机主轴承

洛阳世必爱特种轴承有限公司

公司地址：河南省洛阳市西工区河南洛阳工业园区纬四路
电　　话：0379-64122001
传　　真：0379-64122006
网　　址：www.sbi.com.cn
主要产品：拼装机轴承及其他相关轴承

洛阳新强联回转支承股份有限公司

公司地址：河南省洛阳市新安县洛新工业园区九州路 1 号
电　　话：0379-67307618
传　　真：0379-67307619
网　　址：lyxqlbearing.com.cn/
主要产品：盾构机主轴承

洛阳特重轴承有限公司

公司地址：河南省洛阳市宜阳产业集聚区轴承专业园朝阳路 9 号
电　　话：0379-60109100
网　　址：www.ltzzc.com
主要产品：盾构机主轴承

上海九恩动力技术有限公司（韩国 ILJIN 轴承代理商）

公司地址：上海市闵行区老沪闵路 1317 号 1 号门 A-3
电　　话：021-64962118/7
传　　真：021-64962116
网　　址：www.john.net.cn
主营业务：代理韩国 ILJIN 轴承

3.2 减速机

卓轮（天津）机械有限公司

公司地址：天津市开发区第十一大街 79 号
电　　话：022-66231856
传　　真：022-66231856
网　　址：www.zollern.com
主要产品：减速机

意大利戴纳密克（Dinamic）

公司地址：Via Togliatti, 15 41030 Bomporto, MO, ItalyIscr.Trib.MO n.24736
电　　话：+39-059812611
传　　真：+39-059812603
网　　址：www.dinamicoil.com
主要产品：减速机

采埃孚股份公司

公司地址：上海市松江区九亭镇九泾路 899 号
电　　话：021-37617000
传　　真：021-37617401
网　　址：www.zf.com/china
主要产品：减速机

上海振华重工集团（南通）传动机械有限公司

公司地址：江苏省南通市经济技术开发区团结河东路 1 号
电　　话：0513-85999700
传　　真：0513-85998063
网　　址：www.zpmc.com
主要产品：减速机

荆州市巨鲸传动机械有限公司

公司地址：湖北省荆州市开发区东方大道 58 号
电　　话：0716-8303808
传　　真：0716-8303808
网　　址：www.jujingcd.com.cn
主要产品：减速机

湖北科峰智能传动股份有限公司

公司地址：湖北省黄冈市黄州区中粮大道 9 号
电　　话：0713-8585866
传　　真：0713-8585868
网　　址：www.kofon.com.cn
主要产品：减速机

南京康普曼传动机械有限公司

公司地址：江苏省南京市高淳区经济开发区荆山东路 19 号
电　　话：025-84913668
传　　真：025-84913678
网　　址：www.kpmdrive.com
主要产品：减速机

重庆齿轮箱有限责任公司

公司地址：重庆市江津东方红
电　　话：023-47211468
传　　真：023-47211128
网　　址：www.chongchi.com
主要产品：减速机

3.3 主驱动变频电机

奥地利 ELIN

公司地址：Pfarrgasse 75, 1230 Vienna
电　　话：+43-(0)5990227475
网　　址：www.elin.com
主要产品：主驱动变频电机

中车永济电机有限公司

公司地址：山西省永济市电机大街 18 号
电　　话：0359-8075162
传　　真：0359-8075290
网　　址：www.crrcgc.cc/yjdj
主要产品：主驱动变频电机

西门子（中国）有限公司

公司地址：北京市朝阳区望京中环南路 7 号
电　　话：010-64719990
传　　真：010-64719991
网　　址：www.siemens.com
主要产品：主驱动变频电机

东芝三菱电机工业系统（中国）有限公司

公司地址：北京市海淀区知春路甲 48 号盈都大厦 B 座 21 层
电　　话：010-58732277
传　　真：010-58732208
网　　址：www.tmeic.com
主要产品：主驱动变频电机

卓轮（天津）机械有限公司

公司地址：天津市开发区第十一大街 79 号
电　　话：022-66231856
传　　真：022-66231856
网　　址：www.zollern.com
主要产品：主驱动变频电机

江西特种电机股份有限公司

公司地址：江西省宜春市环城南路 581 号
电　　话：0795-3283218
传　　真：0795-3274523
网　　址：www.jiangte.com.cn
主要产品：主驱动变频电机

湖南中车尚驱电气有限公司

公司地址：湖南省株洲市石峰区龙头铺街道玉龙路 111 号
电　　话：0731-22593189
主要产品：主驱动变频电机

安徽皖南电机股份有限公司

公司地址：安徽省泾县泾川镇南华路 86 号
电　　话：0563-5028878
传　　真：0563-5029999
网　　址：www.wnmotor.com
主要产品：主驱动变频电机

3.4　液压系统

博世力士乐中国

公司地址：上海市长宁区福泉北路 333 号
电　　话：400-8807030
网　　址：www.boschrexroth.com.cn/zh/cn
主要产品：液压系统

派克汉尼汾中国

公司地址：上海市金桥出口加工区云桥路 280 号
电　　话：021-28995000
网　　址：www.parker.com
主要产品：液压系统

伊顿（中国）投资有限公司

公司地址：上海市长宁区临虹路 280 弄 3 号楼
电　　话：021-52000099
网　　址：www.eaton.com.cn
主要产品：液压系统

哈威液压系统（上海）有限公司

公司地址：上海市浦东新区金滇路 155 号
电　　话：021-58999678
传　　真：021-50550836
网　　址：www.hawe.com/zh-cn
主要产品：液压系统

费斯托（中国）有限公司

公司地址：上海市浦东金桥出口加工区云桥路 1156 号
电　　话：021-60815100
传　　真：021-58540300
网　　址：www.festo.com.cn
主要产品：液压系统

江苏恒立液压股份有限公司

公司地址：江苏省常州市武进高新区龙潜路 99 号
电　　话：400-1018889
传　　真：0519-86159988
网　　址：www.henglihydraulics.com
主要产品：液压系统

杭州爱力智控技术有限公司

公司地址：浙江省杭州市余杭区仓前街道爱力中心 1 幢 2101-02 室
电　　话：0571-89059290
网　　址：www.hy-china.com
主要产品：进口液压件、密封件

安徽博一流体传动股份有限公司

公司地址：安徽省合肥市蜀山新产业园区仰桥路 1 号
电　　话：0551-65746519
网　　址：www.ahbylt.com
主要产品：液压系统

青岛盘古智能制造股份有限公司

公司地址：山东省青岛市高新区科海路 77 号
电　　话：0532-87811981
网　　址：www.paguld.com
主要产品：液压系统

常州市力士达液压设备有限公司

公司地址：江苏省常州市奔牛工业集中区北区润园路 68 号
电　　话：0519-83851898
传　　真：0519-83851898
网　　址：www.lsdcz.com
主要产品：液压系统

徐州徐工液压件有限公司

公司地址：江苏省徐州市金山桥经济技术开发区桃山路 18 号
电　　话：0516-87739819
传　　真：0516-87739888
网　　址：www.xcmg.com/yyj
主要产品：液压油缸

浙江德泰机电工程有限公司

公司地址：浙江省桐乡市高桥镇工业区高桥大道 1999 号
电　　话：0573-88968571
传　　真：0573-88966599
主要产品：液压系统

怀特（中国）驱动产品有限公司

公司地址：江苏省镇江市润州区宁镇公路 1-8 号
电　　话：0511-85729988
传　　真：0511-85728950
网　　址：www.whitedriveproducts.com
主要产品：液压系统

3.5　液压滤芯

颇尔过滤器（北京）有限公司

公司地址：北京市经济技术开发区宏达南路 12 号
电　　话：010-87225588
传　　真：010-67802329
网　　址：www.pall.com
主要产品：液压滤芯

贺德克液压技术（上海）有限公司

公司地址：上海市闵行经济技术开发区中屏路 28 号
电　　话：021-64633510
传　　真：021-64300257
网　　址：www.hydac.com.cn
主要产品：液压滤芯

派克汉尼汾中国

公司地址：上海市金桥出口加工区云桥路 280 号
电　　话：021-28995000
网　　址：www.parker.com
主要产品：液压滤芯

马勒投资（中国）有限公司

公司地址：上海市奉贤区环城北路 1299 号
电　　话：021-51360595
网　　址：www.cn.mahle.com
主要产品：液压滤芯

黎明液压有限公司

公司地址：浙江省温州市鹿城轻工产业园区盛宇路 58 号
电　　话：0577-88782788
传　　真：0577-88781999
网　　址：www.leemin.com.cn
主要产品：液压滤芯

博世力士乐中国

公司地址：上海市长宁区福泉北路 333 号
电　　话：400-8807030
网　　址：www.boschrexroth.com.cn/zh/cn
主要产品：液压滤芯

河南德玛隆滤器设备有限公司

公司地址：河南省郑州市金水自贸区一带一路产业园 4 号 3A 层
电　　话：13838371372
传　　真：0371-56669828
网　　址：www.demalong.com
主要产品：液压滤芯

固安县德麻戈过滤科技有限公司

公司地址：河北省廊坊市固安县牛驼镇林城村
电　　话：13784283238
网　　址：www.cndemage.com
主要产品：液压滤芯

3.6 人闸及压力装置

萨姆森控制设备（中国）有限公司

公司地址：北京市经济技术开发区永昌南路11号
电　　话：010-67803011
传　　真：010-67803196
网　　址：www.samsonchina.com
主要产品：人闸压力控制系统

烟台宏远氧业有限公司

公司地址：山东省烟台市芝罘区车山路6号
电　　话：0535-2157588
传　　真：0535-2157588
网　　址：www.yangcang.com
主要产品：人闸与气压过渡舱

烟台豪特氧业设备有限公司

公司地址：山东省烟台市牟平区沁水工业园大展街211号
电　　话：0535-8019188
传　　真：0535-8019178
网　　址：www.gyyc.cn
主要产品：人闸与气压过渡舱

西安英奥特控制系统有限公司

公司地址：陕西省西安市高新区鱼斗路61号左岸春天1栋1单元2607
电　　话：13309271395
网　　址：www.inautech.com.cn
主要产品：盾构机人舱系统

3.7 空压机及储气罐

英格索兰（中国）投资有限公司

公司地址：上海市仙霞路99号尚嘉中心8-12楼
电　　话：021-22215000
网　　址：www.irco.com.cn
主要产品：空压机

上海优耐特斯压缩机有限公司

公司地址：上海市南翔高科技园区嘉美路201号
电　　话：021-69176699
网　　址：www.sunc.cn
主要产品：空压机

阿特拉斯科普柯集团

公司地址：上海市浦东新区新金桥路1888号金领之都36栋12层
电　　话：400-6339778
邮　　箱：cr.web.info@cn.atlascopco.com
网　　址：www.atlascopco.com.cn
主要产品：移动空压机

东莞雅迪勤压缩机制造有限公司

公司地址：广东省东莞市沙田镇民田富民路6号
电　　话：0769-88802320
传　　真：0769-88803230
网　　址：www.adekom.com.hk/cn
主要产品：空压机

ALUP Compressors Germany

公司地址：Nürtinger Str. 50 Köngen 73257 Germany
网　　址：www.alup.com
主要产品：空压机

复盛实业（上海）有限公司

公司地址：上海市松江新桥开发区民益路 28 号
电　　话：021-62704880
传　　真：021-62704878
网　　址：www.fusheng-china.com
主要产品：空压机

3.8　泡沫系统（泵和流量计）

恩德斯豪斯（中国）自动化有限公司

公司地址：上海市闵行区江川东路 458 号
电　　话：021-24039600
传　　真：021-24039607
网　　址：www.endress.com.cn
主要产品：流量计

法国 PCM 北京公司

公司地址：北京市朝阳区望京街 8 号利星行广场 C 座 546 房间
电　　话：010-56827508
网　　址：www.pcm.eu
主要产品：螺杆泵

西派克（上海）泵业有限公司

公司地址：上海市浦东新区宣中路 399 号
电　　话：021-38108888
网　　址：www.seepex.com
主要产品：螺杆泵

耐驰（兰州）泵业有限公司

公司地址：甘肃省兰州市高新区刘家滩 506 号
电　　话：0931-8555000
传　　真：0931-8552376
网　　址：www.netzsch.com.cn
主要产品：螺杆泵

3.9　注浆系统

上海施维英机械制造有限公司

公司地址：上海市松江区新效路 177 号
电　　话：021-80105074
传　　真：021-80105078
网　　址：www.schwing.com.cn
主要产品：注浆泵

普茨迈斯特（北京）固体泵贸易有限公司

公司地址：北京市朝阳区呼家楼京广中心商务楼 507 室
电　　话：010-65026395
传　　真：010-65026301
网　　址：www.psp-cn.com
主要产品：高密度固体泵

中铁工程装备集团有限公司

公司地址：河南省郑州市经济开发区第六大街99号
电　　话：0371-60608666
传　　真：0371-60608800
网　　址：www.crectbm.com
主要产品：注浆泵

河北铸诚工矿机械有限公司

公司地址：河北省邢台市柏乡县柏镇路北侧
电　　话：0319-7706588
传　　真：0319-7766258
网　　址：www.hbzcgongkuang.cn
主要产品：智能制注浆设备

郑州瑞申机器制造有限公司

公司地址：河南省郑州市惠济区绿源路 9 号
电　　话：0371-67770198
传　　真：0371-67770031
网　　址：www.zzruishen.com
主要产品：注浆泵

3.10　盾构皮带机、连续皮带机及皮带

中铁工程装备集团有限公司

公司地址：河南省郑州市经济开发区第六大街99号
电　　话：0371-60608666
传　　真：0371-60608800
网　　址：www.crectbm.com
主要产品：皮带机

中国铁建重工集团股份有限公司

公司地址：湖南省长沙市经济技术开发区东七路 88 号
电　　话：400-8956789
传　　真：0731-84071800
网　　址：www.crchi.com
主要产品：皮带机

北方重工集团有限公司

公司地址：辽宁省沈阳市经济技术开发区开发大路 16 号
电　　话：024-25802581
传　　真：024-25851610
网　　址：www.china-sz.com
主要产品：皮带机

瑞士马蒂技术有限公司

公司地址：四川省成都市青羊人民中路二段 70 号时代凯悦 2 单元 1802
电　　话：028-86282745
网　　址：www.martitechnik.ch
主要产品：皮带机

山西凤凰胶带有限公司

公司地址：山西省长治市太行北路 168 号
电　　话：0355-2085924
网　　址：www.phoenix-sx.com
主要产品：输送带

河北九洲橡胶科技股份有限公司

公司地址：河北省保定市蠡县经济开发区橡胶工业园区
电　　话：0312-6268888
传　　真：0312-6268788
网　　址：www.jiu-zhou.com.cn
主要产品：输送带

3.11　二次通风机

山西巨龙风机有限公司

公司地址：山西省运城市盐湖区德新路三号
电　　话：400-0359600
网　　址：www.jlfan.com
主要产品：二次通风机

浙江双阳风机股份有限公司

公司地址：浙江省绍兴市上虞区上浦工业区昆仑路 16 号
电　　话：0575-82362367
传　　真：0575-82366700
网　　址：www.zj-syfj.com
主要产品：二次通风机

浙江上风高科专风实业股份有限公司

公司地址：浙江省绍兴市上虞区东关街道人民西路 1818 号
电　　话：0575-82530802
网　　址：www.sz-gf.com.cn
主要产品：二次通风机

3.12　泥浆泵及泥水循环控制系统

伟尔沃曼机械（苏州）有限公司

公司地址：江苏省苏州市高新区华山路 158 号 27 号厂房
电　　话：0512-66676700
网　　址：www.weirminerals.com
主要产品：渣浆泵

湖北扬子江泵业（武汉）有限责任公司

公司地址：湖北省武汉市东西湖区金北二路 5 号
电　　话：027-87339012、027-87338183
传　　真：027-83258185
网　　址：www.yzjby.com
主要产品：泥浆泵与盾构泥水输送系统

特瑞堡工程系统（青岛）有限公司

公司地址：山东省青岛市城阳区棘洪滩街道南万社区北
电　　话：0532-89650700
传　　真：0532-87907303
网　　址：www.trelleborg.com
主要产品：泥水循环控制系统

强大泵业集团有限公司

公司地址：河北省行唐县经济开发区利民大街
电　　话：0311-85426662
网　　址：www.kingdagroup.com
主要产品：渣浆泵

河北德林机械有限公司

公司地址：河北省石家庄市元氏大街 271 号
电　　话：0311-86481688
传　　真：0311-86481668
网　　址：www.delinco.com
主要产品：泥浆泵

3.13　注脂系统

美国林肯工业有限公司

公司地址：上海市黄浦区半淞园路 377 号
电　　话：021-53068866
网　　址：www.lincolnindustrial.com.cn
主要产品：油脂泵

美国固瑞克公司

公司地址：上海市黄浦区中山南路 1029 号 7 号楼
电　　话：021-64950088
网　　址：www.graco.com/cn
主要产品：油脂泵

阿勒米特

公司地址：上海市闵行区光华路 18 号 B 栋 505
电　　话：021-51870188
传　　真：021-51761558
网　　址：www.alemite.asia
主要产品：油脂泵

英格索兰（中国）投资有限公司

公司地址：上海市仙霞路 99 号尚嘉中心 8-12 楼
电　　话：021-22215000
网　　址：www.irco.com.cn
主要产品：油脂泵

广州埃斯特泵业有限公司

公司地址：广东省广州市黄埔区埔南路18号128房
电　　话：020-82251929
网　　址：www.istpump.com
主要产品：油脂泵

青岛盘古智能制造股份有限公司

公司地址：山东省青岛市高新区科海路 77 号
电　　话：0532-87811981
网　　址：www.paguld.com
主要产品：油脂泵、分配阀、同步马达

3.14 吊机与真空吸盘

德马格起重机械有限公司

公司地址：上海市普陀区绥德路 789 号
电　　话：021-60259029
传　　真：021-57464558
网　　址：www.demagcranes.com.cn
主要产品：吊机与真空吸盘

斯泰尔起重设备（上海）有限公司

公司地址：上海市普陀区怒江北路 399 号 9 层 901 室
电　　话：021-66083737
传　　真：021-66083015
网　　址：www.stahlcranes.com
主要产品：吊机与真空吸盘

法兰泰克重工股份有限公司

公司地址：江苏省苏州市吴江汾湖高新技术产业开发区汾越路 288-388 号
电　　话：0512-82072666
传　　真：0512-82072999
网　　址：www.eurocrane.com.cn
主要产品：吊机与真空吸盘

陕西埃希麦克斯机械设备有限责任公司（ACIMEX）

公司地址：陕西省杨凌示范区城南路火炬创业园 G 区
电　　话：029-87071766
传　　真：029-87071766
网　　址：www.acimex.com.cn
主要产品：真空吸盘

AERO-LIFT Vakuumtechnik GmbH

公司地址：Turmstraße 172351 Geislingen-Binsdorf
电　　话：+49(0)7428-94514-0
传　　真：+49(0)7428-94514-38
网　　址：www.aero-lift.de
主要产品：吊机与真空吸盘

3.15 电缆及水管卷筒

海瑞克（广州）隧道设备有限公司

公司地址：广东省广州市保税区东江大道 463 号
电　　话：020-82209300
传　　真：020-82219020
网　　址：www.herrenknecht.com
主要产品：电缆及水管卷筒

康稳移动供电设备（上海）有限公司

公司地址：上海市虹口区飞虹路 118 号瑞虹企业天地 1 号楼 1002～1005 室
电　　话：021-68407060
传　　真：021-68968310
网　　址：www.conductix.com.cn
主要产品：电缆及水管卷筒

凯伏特（上海）动力技术有限公司

公司地址：上海市闵行区都会路 1951 弄 11 号厂房
电　　话：021-54429778
网　　址：www.cavotec.com
主要产品：电缆及水管卷筒

湖南海润电气有限公司

公司地址：湖南省岳阳市岳阳县荣家湾镇洞庭村海润工业园区
电　　话：0730-7830777
传　　真：0730-7831777
网　　址：www.hinar.cn
主要产品：电缆及水管卷筒

岳阳凯立信电气有限公司

公司地址：湖南省岳阳市奇家岭学院路许家桥巷 23-12 号
电　　话：0730-8641941
传　　真：0730-8641768
网　　址：www.credsun.com
主要产品：电缆及水管卷筒

3.16 可编程逻辑控制器（PLC）

西门子（中国）有限公司

公司地址：北京市朝阳区望京中环南路 7 号
电　　话：010-64719990
传　　真：010-64719991
网　　址：www.siemens.com
主要产品：PLC

三菱电机自动化（中国）有限公司

公司地址：上海市虹桥路 1386 号三菱电机自动化中心
电　　话：021-23223030
传　　真：021-23223000
网　　址：www.mitsubishielectric.com
主要产品：PLC

施耐德电气（中国）有限公司

公司地址：北京市朝阳区望京东路 6 号施耐德电气大厦
电　　话：010-84346699
传　　真：010-65037402
网　　址：www.schneider-electric.cn
主要产品：PLC

3.17 各类传感器及仪表

威卡国际贸易（上海）有限公司

公司地址：江苏省苏州市高新区塔园路 81 号
电　　话：400-9289600
传　　真：0512-68780300
网　　址：www.wika.cn
主要产品：各类传感器

巴鲁夫自动化（上海）有限公司

公司地址：上海市浦东新区成山路 800 号云顶国际商业广场 A 座 8 层
电　　话：400-8200016
传　　真：400-9202622
网　　址：www.balluff.com.cn
主要产品：各类传感器

上海倍加福工业自动化贸易有限公司

公司地址：上海市闸北区市北工业园区江场三路 219 号大楼四楼
电　　话：021-66303939
传　　真：021-66300883
网　　址：www.pepperl-fuchs.com
主要产品：各类传感器

易福门电子（上海）有限公司

公司地址：上海市浦东新区张江张衡路 1000 弄 15 号
电　　话：021-38134800
传　　真：021-50278669
网　　址：www.ifm.com/cn
主要产品：各类传感器

上海朝辉压力仪器有限公司

公司地址：上海市松江区南乐路 1276 弄 115 号 8 号楼 5-6F
电　　话：021-51691919、021-67755188
传　　真：021-67755185
网　　址：www.zhyq-sensor.cn
主要产品：各类传感器

3.18 变压器

ABB（中国）有限公司

公司地址：北京市朝阳区酒仙桥路 10 号恒通大厦
电　　话：010-84566688
传　　真：010-64231613
网　　址：www.new.abb.com/cn
主要产品：变压器

西门子（中国）有限公司

公司地址：北京市朝阳区望京中环南路 7 号
电　　话：400-6162020
网　　址：www.siemens.com
主要产品：变压器

许昌许继配电股份有限公司

公司地址：河南省许昌市经济技术开发区瑞祥路 3388 号
电　　话：0374-3219406
网　　址：www.xcxjpd.com
主要产品：变压器

顺特电气有限公司

公司地址：广东省佛山市顺德区大良街道五沙社区新悦路 23 号
电　　话：0757-22666888
网　　址：www.sunten.com.cn
主要产品：变压器

天津特变电工变压器有限公司

公司地址：天津市自贸试验区（空港经济区）中环南路和西十一道交口
电　　话：400-687-1000
网　　址：www.tbea.com
主要产品：变压器

3.19 变频器

施耐德电气（中国）有限公司

公司地址：北京市朝阳区望京东路 6 号施耐德电气大厦
电　　话：010-84346699
传　　真：010-65037402
网　　址：www.schneider-electric.cn
主要产品：变频器

罗克韦尔自动化（中国）有限公司

公司地址：上海市虹梅路 1801 号宏业大厦
电　　话：021-61288888
传　　真：021-61288899
网　　址：www.rockwellautomation.com
主要产品：变频器

西门子（中国）有限公司

公司地址：北京市朝阳区望京中环南路 7 号
电　　话：4006162020
网　　址：www.siemens.com
主要产品：变频器

ABB（中国）有限公司

公司地址：北京市朝阳区酒仙桥路 10 号恒通大厦
电　　话：010-84566688
传　　真：010-64231613
网　　址：www.new.abb.com/cn
主要产品：变频器

丹佛斯自动控制管理(上海)有限公司

公司地址：上海市宜山路 900 号科技大厦 C 楼 20层
电　　话：021-61513000
传　　真：021-61513100
网　　址：www.danfoss.cn
主要产品：变频器

3.20　电气控制系统

伊顿（中国）投资有限公司

公司地址：上海市长宁区临虹路 280 弄 3 号楼
电　　话：021-52000099
网　　址：www.eaton.com.cn
主要产品：电气控制系统

施耐德电气（中国）有限公司

公司地址：北京市朝阳区望京东路 6 号施耐德电气大厦
电　　话：010-84346699
传　　真：010-65037402
网　　址：www.schneider-electric.cn
主要产品：电气控制系统

ABB（中国）有限公司

公司地址：北京市朝阳区酒仙桥路 10 号恒通大厦
电　　话：010-84566688
传　　真：010-64231613
网　　址：www.new.abb.com/cn
主要产品：电气控制系统

芬得亚洲有限公司（Finder）

公司地址：中国香港特别行政区九龙长沙湾长顺街 20 号时丰中心 9 楼 901～903 室
电　　话：+852-31880212
传　　真：+852-31880263
网　　址：www.finder-asia.com
主要产品：电子继电器、控制系统

西门子（中国）有限公司

公司地址：北京市朝阳区望京中环南路 7 号
电　　话：400-6162020
网　　址：www.siemens.com
主要产品：电气控制系统

德力西集团

公司地址：上海市普陀区中山北路 1777 号中国德力西大厦 27 楼
电　　话：021-62363333
传　　真：021-62365822
网　　址：www.delixi.com
主要产品：电气控制系统

正泰集团股份有限公司

公司地址：浙江省乐清市柳市镇工业区正泰大楼
电　　话：400-8177777
网　　址：www.chint.com
主要产品：电气控制系统

上海玮尔电子有限公司

公司地址：上海市黄浦区北京东路 668 号 G410室
电　　话：021-63615515
传　　真：021-53082751
网　　址：www.shvir.com
主要产品：电气控制系统

3.21　工控机

西门子（中国）有限公司

公司地址：北京市朝阳区望京中环南路 7 号
电　　话：400-6162020
网　　址：www.siemens.com
主要产品：工控机

研祥智能科技股份有限公司

公司地址：广东省深圳市南山区高新中四道 31 号研祥科技大厦
电　　话：400-880-9666
网　　址：www.evoc.com
主要产品：工控机

研华科技（中国）有限公司

公司地址：江苏省昆山市玉山镇汉浦路 600 号
电　　话：0512-57775666
网　　址：www.advantech.com.cn
主要产品：工控机

3.22　视频监控系统

广州新视宝电脑监控器材公司

公司地址：广东省广州市番禺区钟村街市广路钟三路段 36 号
电　　话：020-84711169
传　　真：020-84717342
网　　址：www.sunspo.com
主要产品：视频监控系统

上海益丰电器有限公司

公司地址：上海市北京东路 668 号科技京城（赛格电子市场）2A203
电　　话：021-61201716
传　　真：021-61202716
网　　址：www.yifengh.byf.com
主要产品：视频监控系统

杭州海康威视数字技术股份有限公司

公司地址：浙江省杭州市滨江区阡陌路 555 号
电　　话：0571-88075998
传　　真：0571-88805843
网　　址：www.hikvision.com
主要产品：视频监控系统

浙江大华技术股份有限公司

公司地址：浙江省杭州市滨江高新区滨安路 1199 号
电　　话：0571-28933188
传　　真：0571-87688857
网　　址：www.dahuatech.com
主要产品：视频监控系统

3.23　导向测量系统

中国铁建重工集团股份有限公司

公司地址：湖南省长沙市经济技术开发区东七路 88 号
电　　话：400-8956789
传　　真：0731-84071800
网　　址：www.crchi.com
主要产品：导向测量系统

维艾姆迪（上海）测量技术有限公司

公司地址：上海市浦东新区张衡路 1000 弄张江润和国际总部园 71 号楼
电　　话：021-50750276
传　　真：021-50277789
网　　址：www.vmt-china.com
主要产品：导向测量系统

上海米度测量技术有限公司

公司地址：上海市青浦区高泾路 599 号北斗产业园 A 座 305 室
电　　话：021-50171836
传　　真：021-50171836
网　　址：www.miduc.com
主要产品：导向测量系统

德国 PPS-Poltinger Precision Systems GmbH

公司地址：Henschelring 15a85551 Kirchheim (bei München)
电　　话：+49 89 127661440
传　　真：+49 89 1276614420
网　　址：www.pps-muc.de
主要产品：导向测量系统

演算工坊（ENZAN KOUBOU CO., LTD.）

公司地址：237-3 Yamazato-cho, Kamigyo-ku, Kyoto 602-8268, Japan
电　　话：+81-75-417-0100
传　　真：+81-75-417-0200
网　　址：www.enzan-k.com
主要产品：导向测量系统

中铁工程装备集团有限公司

公司地址：河南省郑州市经济开发区第六大街 99 号
电　　话：0371-60608666
传　　真：0371-60608800
网　　址：www.crectbm.com
主要产品：导向测量系统

中纬测量系统（武汉）有限公司

公司地址：湖北省武汉市东湖高新技术开发区华工园二路一号
电　　话：027-87928461
网　　址：www.geomax.cn
主要产品：导向测量系统

力信测量（上海）有限公司

公司地址：上海市浦东新区蔡伦路 1690 号 2 幢 501 室
电　　话：021-56807268
传　　真：021-56807268
网　　址：www.sh-raising.com
主要产品：导向测量系统

3.24 远程监控系统及盾构信息技术服务

维艾姆迪（上海）测量技术有限公司

公司地址：上海市浦东新区张衡路 1000 弄张江润和国际总部园 71 号楼
电　　话：021-50750276
传　　真：021-50277789
网　　址：www.vmt-china.com
主要产品：远程监控系统

上海米度测量技术有限公司

公司地址：上海市青浦区高泾路 599 号北斗产业园 A 座 305 室
电　　话：021-50171836
传　　真：021-50171836
网　　址：www.miduc.com
主要产品：远程监控系统

北京九镁科技有限公司

公司地址：北京市海淀区上地创业中路 36 号（留学人员海淀创业园 106 室）
电　　话：010-82895841
传　　真：010-82894821
网　　址：www.geometro.com.cn
主营业务：地理信息系统（GIS）+ 建筑信息模型（BIM）+ 移动测量系统

北京申江工程技术咨询有限公司

公司地址：北京市海淀区永澄北路 2 号院 1 号楼五层 190 室
电　　话：010-62331632
传　　真：010-62331632
主要产品：远程监控系统

徕卡测量系统（北京）有限公司

公司地址：北京市东城区广渠家园 5 号楼首东国际 A 座 601 室
电　　话：010-85691818
传　　真：010-85251836
网　　址：www.leica-geosystems.com.cn
主要产品：远程监控系统

西安创富电子科技有限公司

公司地址：陕西省西安市高新区丈八一路 1 号汇鑫 IBC-A 座 13 层
电　　话：029-88277962
传　　真：029-88277962-828
网　　址：www.xacf.com
主要产品：盾构、TBM 施工与健康管理云平台

上海逸风自动化科技有限公司

公司地址：上海市徐汇区漕溪路 251 弄 5 号楼 13E 座
电　　话：021-64836150
传　　真：021-64836155
网　　址：www.ef-automation.com
主要产品：远程监控系统

南京坤拓土木工程科技有限公司

公司地址：江苏省南京市雨花台区贾东村 105 号综合办公楼 6 楼
电　　话：025-84808342
传　　真：025-84808342
网　　址：www.kentop.cc
主营业务：安全风险管理监控系统

3.25　拼装机遥控器

上海海希工业通讯设备有限公司

公司地址：上海市莘砖公路 518 号 15 幢
电　　话：021-54902525
传　　真：021-54902626
网　　址：www.hbc.net.cn
主要产品：拼装机遥控器

深圳市海德无线遥控有限公司

公司地址：广东省深圳市罗湖区宝安北路 2033 号桃园商业大厦北门 8E
电　　话：0755-25896812
传　　真：0755-25589566
网　　址：www.hetronic.net.cn
主要产品：拼装机遥控器

4

第4章

盾构配套设备制造企业

4.1 门式起重机

河南卫华重型机械股份有限公司

公司地址：河南省长垣市山海大道 18 号
电　　话：0373-8887666
传　　真：0373-8887665
网　　址：www.craneweihua.com
主要产品：门式起重机

中铁科工集团轨道交通装备有限公司

公司地址：湖北省武汉市江夏区庙山经济开发区幸福工业园
电　　话：027-81990321
传　　真：027-81990303
网　　址：www.crrte.cn
主要产品：门式起重机

德马格起重机械（上海）有限公司

公司地址：上海市闵行区沪闵路 6088 号莘庄龙之梦广场 18 楼
电　　话：021-34702998
传　　真：021-34702854
网　　址：www.demagcranes.com.cn
主要产品：门式起重机

中铁十六局集团北京建工机械有限公司

公司地址：北京市密云区新北路 29 号西
电　　话：010-61095670
传　　真：010-61093123
网　　址：www.cr16jgjx.com
主要产品：门式起重机

河南豫中起重集团有限公司

公司地址：河南省长垣县位庄镇工业区
电　　话：0373-8791368
传　　真：0373-8791898
网　　址：www.yuzhongqz.com
主要产品：门式起重机

大连重工·起重集团有限公司

公司地址：辽宁省大连市西岗区八一路 169 号华锐大厦
电　　话：0411-86852820
网　　址：www.cec-ceda.org.cn
主要产品：门式起重机

河南省矿山起重机械有限公司

公司地址：河南省长垣县长恼工业区矿山路与纬三路交汇处
电　　话：400-0373-818
传　　真：0373-8735598/333
网　　址：www.hnks.com
主要产品：门式起重机

河南中原重工制造有限公司

公司地址：河南省起重工业园区封丘 S213 省道创业园 1 号
电　　话：0373-8423456、0373-8423777
传　　真：0373-8423555
网　　址：www.zyhi.com.cn
主要产品：门式起重机

科尼起重机设备（上海）有限公司

公司地址：上海市普陀区祁连山南路 2891 弄 100 号四号楼
电　　话：021-26061188
传　　真：021-26061066
网　　址：www.konecranes.com.cn
主要产品：门式起重机

新乡市起重机厂有限公司

公司地址：河南省新乡市南环路
电　　话：0373-3388389
传　　真：0373-3388389
网　　址：www.hnqzzg.cn
主要产品：门式起重机

河南省重科防爆机械有限公司

公司地址：河南省郑州市南阳路 213 号
电　　话：0371-63679616
传　　真：0371-63679616
网　　址：www.hnzkqz.cn
主要产品：门式起重机

洛阳卡瑞起重设备有限公司

公司地址：河南省洛阳市洛龙科技园瀛洲路 3 号
电　　话：0379-69825599
网　　址：www.krccrane.com
主要产品：门式起重机

中铁十一局集团汉江重工有限公司

公司地址：湖北省襄阳市樊城区航空航天工业园中航大道 22 号
电　　话：0710-3124849
传　　真：0710-3124801
网　　址：www.hjhi.cn
主要产品：门式起重机

新乡市中原起重机设备总厂有限公司

公司地址：河南省长垣县东关工业区
电　　话：0373-8810890
网　　址：www.yaqicrane.com
主要产品：门式起重机

南京登峰起重设备制造有限公司

公司地址：江苏省南京市六合区龙池街道时代大道 128号
电　　话：025-58735552
传　　真：025-58735983
网　　址：www.njdengfeng.com
主要产品：门式起重机

中铁长安重工有限公司

公司地址：陕西省西安市未央区广安路 3619 号
电　　话：029-82551916
传　　真：029-82551916
网　　址：www.cr20gcazg.com
主要产品：门式起重机

4.2 牵引机车编组

中铁十六局集团北京建工机械有限公司

公司地址：北京市密云区新北路 29 号西
电　　话：010-61095670
传　　真：010-61093123
网　　址：www.cr16jgjx.com
主要产品：牵引机车及整列编组

中铁工程装备集团隧道设备制造有限公司

公司地址：河南省新乡市卫滨区人民西路（西）10号
电　　话：0373-3765908
传　　真：0373-3765901
网　　址：www.crectss.com
主要产品：牵引机车及整列编组

甘肃四方机车有限公司

公司地址：甘肃省兰州市安宁区立达国际汽配城 19-116
电　　话：0931-7619348
传　　真：0931-7619348
网　　址：www.4fjc.com
主要产品：电瓶车

中铁科工集团轨道交通装备有限公司

公司地址：湖北省武汉市江夏区庙山经济开发区幸福工业园内
电　　话：027-81990321
传　　真：027-81990330
网　　址：www.crrte.cn
主要产品：电机车

西安市益德机电设备有限公司（德国小马机车国内代理商）

公司地址：陕西省西安市碑林区环城南路东段 334 号宏信国际花园 6 号楼 1 单元 3203 室
电　　话：029-84384743
网　　址：www.xaydjd.net
主要产品：代理小马机车

宝鸡恒通隧道设备有限公司

公司地址：陕西省宝鸡市渭滨区高新六路旭光工业园
电　　话：0917-3373679
传　　真：0917-3373679
网　　址：www.bjhtsb.net
主要产品：砂浆车、管片运输车等

中铁宝桥集团有限公司

公司地址：陕西省宝鸡市清姜路 80 号
电　　话：0917-3353149
传　　真：0917-3353371
网　　址：www.crbbg.com
主要产品：牵引机车及整列编组

湘潭牵引机车厂有限公司

公司地址：湖南省湘潭市雨湖区草塘路 15 号
电　　话：0731-52826858
传　　真：0731-58377431
网　　址：www.xiangqian168.com
主要产品：电机车、机车配套设备

中车兰州机车有限公司

公司地址：甘肃省兰州市安宁区元台子 446 号
电　　话：0931-6960321
传　　真：0931-6960301
网　　址：www.crrcgc.cc
主要产品：牵引机车及整列编组

河南翔康隧道设备制造有限公司

公司地址：河南省新乡市经开区支一路与支四路交叉口
电　　话：0373-3686638
传　　真：0373-3686638
网　　址：www.xksdsb.com
主要产品：渣土车、管片车、砂浆车

湖北晨风轨道装备股份有限公司

公司地址：湖北省鄂州市经济开发区武汉港工业园
电　　话：0711-3616818
传　　真：0711-3616819
网　　址：www.hbcfgd.com
主要产品：牵引机车及整列编组

中铁隧道股份有限公司新乡机械制造分公司

公司地址：河南省新乡市大召营镇中召村
电　　话：0373-2647379
网　　址：www.zsgfzz.com
主要产品：牵引机车及整列编组

中铁长安重工有限公司

公司地址：陕西省西安市未央区广安路 3619 号
电　　话：029-82551916
传　　真：029-82551916
网　　址：www.cr20gcazg.com
主要产品：牵引机车

4.3 浆液搅拌站

北方永定工贸有限公司

公司地址：北京市丰台区长辛店东山坡三里西43号
电　　话：010-83867812
传　　真：010-83867812
网　　址：www.bfydcn.com
主要产品：浆液搅拌站

北京双骏纵横机械设备有限公司

公司地址：北京市通州区宋庄镇徐辛庄村委会西 800 米
电　　话：13439398575
网　　址：www.gongshang.mingluji.com/beijing/node/15654
主要产品：浆液搅拌站

山东建科机械有限公司

公司地址：山东省济南市市中区经十西路 818 号
电　　话：0531-87453566
传　　真：0531-87453566
网　　址：www.sdjk.org.cn
主要产品：浆液搅拌站

深圳森钢重型钢结构工程有限公司

公司地址：广东省深圳市宝安区福海街道桥头社区天福路森钢工业园第 3 幢
电　　话：0755-27317403
传　　真：0755-27317995
网　　址：www.sgyjkg.com
主要产品：浆液搅拌站

郑州亿立实业有限公司

公司地址：河南省荥阳市建设路西段
电　　话：0371-65006887
传　　真：0371-65006886
网　　址：www.yilishiye.com
主要产品：浆液搅拌站

佛山市南海聚龙建设机械有限公司

公司地址：广东省佛山市南海区丹灶国家生态工业示范园区金石大道 25 号
电　　话：0757-86691568
传　　真：0757-86691668
网　　址：www.julong68.com
主要产品：浆液搅拌站

4.4　泥水处理系统

三川德青工程机械有限公司

公司地址：湖北省宜昌市高新技术开发区大连路 8 号黑旋风科技园
电　　话：0717-6066366
传　　真：0717-6467192
网　　址：www.hxf-gj.com
主营业务：泥水处理系统

上海天颢新环境科技有限公司

公司地址：上海市静安区俞泾港路 11 号 205 室
电　　话：021-32556939
传　　真：021-32556919
网　　址：www.tianhaoshiye.com
主营业务：泥水处理系统

康明克斯（北京）机电设备有限公司

公司地址：北京市密云经济开发区翔云路 3 号
电　　话：010-69076938
传　　真：010-69076898
网　　址：www.comexpressfilters.com
主营业务：泥水处理系统

鑫炎焱（北京）环保科技有限公司

公司地址：北京市通州区砖厂北里 142 号楼七层 7722 室
电　　话：18002020203
主营业务：废浆处理系统

上海帜臻环保科技有限公司

公司地址：上海市金山区山阳镇山富东路 365 号
电　　话：400-9991615
主营业务：泥浆筛分、固化服务

斯派莎克工程（中国）有限公司

公司地址：上海市闵行区浦江高科技园区新骏环路 800 号
电　　话：021-24163666
传　　真：021-24163688
网　　址：www.spiraxsarco.com
主营业务：泥水处理系统

河南威猛振动设备有限公司

公司地址：河南省新乡县工业路 1 号
电　　话：0373-3067720
网　　址：www.winnergroup.com.cn
主要产品：盾构泥水分离设备

广东威得士环保设备有限公司

公司地址：广东省韶关市浈江区产业转移工业园师塘路 53 号
电　　话：13509285466
传　　真：0751-8838056
主要产品：盾构泥水分离设备

4.5　管片模具

杨凌 CBE 隧道模具有限公司

公司地址：陕西省杨凌示范区城南路火炬创业园
电　　话：029-87071775
传　　真：029-87071777
网　　址：www.cbejt.com
主要产品：隧道管片模具

上海隧道工程股份有限公司机械制造分公司

公司地址：上海市浦东新区海徐路 957 号
电　　话：021-58482957
传　　真：021-58483092
主要产品：隧道管片模具

杭州铁牛机械有限公司

公司地址：浙江省杭州市钱塘区江东二路 1388 号
电　　话：0571-82986057
传　　真：0571-82985299
网　　址：www.unicrane.net
主要产品：隧道管片模具

青岛环球集团股份有限公司

公司地址：山东省青岛市黄岛区钱家山路 177 号
电　　话：0532-86151998
传　　真：0532-86150902
网　　址：www.hicorp.cn
主要产品：隧道管片模具

4.6 二次注浆设备

镇江宝城注浆设备有限公司

公司地址：江苏省镇江市丹徒区宝堰镇工业园区
电　　话：0511-85512022
传　　真：0511-85510515
网　　址：www.bao-cheng.com
主要产品：二次注浆设备

镇江长城注浆设备有限公司

公司地址：江苏省镇江市民营开发区润兴路 10 号
电　　话：0511-85519258
传　　真：0511-85520098
网　　址：www.cczj.com
主要产品：二次注浆设备

镇江典程机电有限公司

公司地址：江苏省镇江市丹徒区新城镇宝路 78 号
电　　话：15896383265
邮　　箱：2379142448@qq.com
网　　址：www.zjdiancheng.com
主要产品：二次注浆设备

自贡市恒达泵业有限公司

公司地址：四川省自贡市工业开发区南环路 16 号
电　　话：0813-3302215
传　　真：0813-3305561
网　　址：www.hd-pump.com
主要产品：二次注浆设备

河南省耿力工程设备有限公司

公司地址：河南省洛阳市空港产业聚集区
电　　话：0379-60118689
邮　　箱：vip@gengli.com.cn
网　　址：www.hngl.com.cn
主要产品：二次注浆设备

4.7 隧道风机

山西省侯马市鑫丰康风机有限公司

公司地址：山西省侯马市幸福街 589 号
电　　话：0357-4188956
传　　真：0357-4189490
网　　址：www.xfk-fj.com
主要产品：隧道风机

福建中天交通工程技术服务有限公司（驭铁龙隧道风机国内总代理）

公司地址：福建省福州市马尾区湖里路 27 号 1 号楼 2-12U 室（自贸试验区内）
电　　话：0731-89783591
传　　真：0731-89713543
网　　址：www.fjztjt.com
主要产品：隧道风机

西安市益德机电设备有限公司（法国 ECE 风机国内代理商）

公司地址：陕西省西安市碑林区环城南路东段 334 号宏信国际花园 6 号楼 1 单元 3203 室
电　　话：029-84384743
网　　址：www.xaydjd.net
主要产品：隧道风机

天津通创风机有限公司

公司地址：天津市河东区卫国道 189 号帅越科技园
电　　话：022-27059898
传　　真：022-84550626
网　　址：www.tostrong.com
主要产品：隧道风机

河南省耿力工程设备有限公司

公司地址：河南省洛阳市空港产业聚集区
电　　话：0379-60118689
邮　　箱：vip@gengli.com.cn
网　　址：www.hngl.com.cn
主要产品：隧道风机

4.8　专用工具

凯特克集团凯特克贸易（上海）有限公司

公司地址：上海市曹杨路 1040 弄 19 楼
电　　话：021-62540813
网　　址：www.hytorchina.com
主要产品：液压扳手

美国 BLACKHAWK 黑鹰公司

公司地址：9200 CodyOverland Park, KS66214
电　　话：18003791732
网　　址：www.blackhawk.com
主要产品：液压钣金工具

实用动力集团 Enerpac 中国总部

公司地址：江苏省太仓市南京东路 6 号
电　　话：0512-53287500
传　　真：0512-53359690
网　　址：www.enerpac.com.cn
主要产品：专用工具

博世电动工具（中国）有限公司

公司地址：浙江省杭州市滨江区滨康路 567 号
电　　话：400-8268484
网　　址：www.bosch-pt.com.cn
主要产品：电动工具

北京和成兴业机电设备销售有限公司（德国 PLARAD 中国代理商）

公司地址： 北京市昌平区北七家名佳花园四期 1 号楼 511 底商

电　　话： 010-51261836

传　　真： 010-81759356

网　　址： www.bjcilizuan.com

主要产品： 专用工具

5

第5章

盾构配件与耗材制造企业

5.1 盾构刀具

中铁工程装备集团有限公司

公司地址：河南省郑州市经济开发区第六大街 99 号
电　　话：0371-60608666
传　　真：0371-60608800
网　　址：www.crectbm.com
主要产品：盾构刀具

立林机械集团有限公司

公司地址：天津市津南区葛沽富康路
电　　话：022-58052996
传　　真：022-28685158
网　　址：www.lilingroup.com
主要产品：盾构刀具

明梁控股集团有限公司（意大利庞万利刀具代理商）

公司地址：广东省深圳市罗湖区建设路 1072 号东方广场 2009 室
电　　话：0755-82256703
传　　真：0755-82238024
网　　址：www.mleng.com
主要产品：盾构刀具

罗宾斯（上海）地下工程设备有限公司

公司地址：上海市闵行区碧溪路 295 号
电　　话：021-54723970
网　　址：www.therobbinscompany.com
主要产品：盾构刀具

山东天工岩土工程设备有限公司

公司地址：山东省聊城市东昌府区凤凰工业园
电　　话：0635-2121655
传　　真：0635-2929008
网　　址：www.techgong.com.cn
主要产品：盾构刀具

武汉恒立工程钻具股份有限公司

公司地址：湖北省武汉市东湖新技术开发区财富二路五号
电　　话：027-65522553
网　　址：www.hltools.cn
主要产品：盾构刀具

洛阳九久科技股份有限公司

公司地址：中国（河南）自由贸易试验区洛阳片区高新区丰润东路 139 号
电　　话：0379-65196583
传　　真：0379-65196584
网　　址：www.lyjj.com
主要产品：盾构刀具

山东易斯特工程工具有限公司

公司地址：山东省聊城市高新技术产业开发区黄山南路 166 号
电　　话：0635-2128722
传　　真：0635-2128722
网　　址：www.estcutters.com.cn
主要产品：盾构刀具

山东瑞钻钻具有限公司

公司地址：山东省聊城市经济开发区松花江路 7 号
电　　话：0635-2929827
传　　真：0635-2937606
网　　址：www.rzcutters.com
主要产品：盾构刀具

山东天佑隧道工程设备有限公司

公司地址：山东省聊城市经济开发区
电　　话：0635-8368869
传　　真：0635-8368869
网　　址：www.sdtysd.com
主要产品：盾构刀具

深圳市中天超硬工具股份有限公司

公司地址：广东省深圳市宝安区新安 67 区留仙一路甲岸科技园 2 栋
电　　话：0755-26073999
传　　真：0755-26640035
网　　址：www.juntec.com
主要产品：盾构刀具

广州粤玉隧道工程设备有限公司

公司地址：广东省广州市黄埔区凤凰四路 99 号 F 栋
电　　话：020-82689086
主要产品：盾构刀具

湖南德天盾构机刀具有限公司

公司地址：湖南省株洲市天元区金马路新马金谷工业园 B 区 11 栋 B 座
电　　话：0731-28586611
传　　真：0731-28586600
网　　址：www.hunandetian.com
主要产品：盾构刀具

株洲钻石切削刀具股份有限公司

公司地址：湖南省株洲市天元区黄河南路 28 号钻石工业园
电　　话：0731-22881671
传　　真：0731-22882721
网　　址：www.zccct.com
主要产品：盾构刀具

葫芦岛力天重工机械有限公司

公司地址：辽宁省葫芦岛市打渔山泵业产业园区同心路 6 号
电　　话：0429-2269666
传　　真：0429-2269666
网　　址：www.china.litechtools.com
主要产品：盾构刀具

5.2 盾尾刷

廊坊辰兴机械有限公司

公司地址：河北省廊坊市固安县工业园区南区通盛道 1 号
电　　话：0316-5927222
传　　真：0316-5927222
网　　址：www.cnlfcx.com
主要产品：盾尾刷

中铁隧道局集团有限公司设备分公司

公司地址：广东省广州市南沙区南沙街工业四路 2 号 9 层
电　　话：020-32268731
网　　址：www.ctg-zysb.com
主要产品：盾尾刷

山东天佑隧道工程设备有限公司

公司地址：山东省聊城市经济开发区
电　　话：0635-8368869
传　　真：0635-8368869
网　　址：www.sdtysd.com
主要产品：盾尾刷

昆山众备机械设备有限公司

公司地址：江苏省昆山市锦溪生态产业园昆开路 118 号
电　　话：0512-36877907
网　　址：www.zhongbeijixie.cn
主要产品：盾尾刷

山东易斯特工程工具有限公司

公司地址：山东省聊城市高新技术产业开发区黄山南路 166 号
电　　话：0635-2128722
传　　真：0635-2128721
网　　址：www.estcutters.com.cn
主要产品：盾尾刷

上海翔盾机械设备有限公司

公司地址：上海市青浦区纪鹤公路 2928 弄 229 号
电　　话：021-69954358
传　　真：021-69954385
网　　址：www.xiangdunjx.com
主要产品：盾尾刷

上海蓝承机械设备发展有限公司

公司地址：上海市金山区山阳镇红旗西路 158 号 1 号楼 304 室
电　　话：021-52699573
传　　真：021-52699573
网　　址：www.shlancheng.1688.com
主要产品：盾尾刷

河北盛荣新材料科技有限公司

公司地址：河北省沧州市任丘市于村乡军庄村
电　　话：0317-2953066
传　　真：0317-2953871
网　　址：www.shengrongcailiao.com
主要产品：盾尾刷

5.3　关键部件密封

意大利 CARCO 上海有限公司

公司地址：上海市徐汇区岳阳路 221 号 2 号楼 212 室
电　　话：13564023005
邮　　箱：carcochina@carcoprp.com
网　　址：www.carcoprp.com
主要产品：密封制品

赫莱特密封科技（上海）有限公司

公司地址：上海市嘉定区北工业开发区兴荣路 785 号
电　　话：021-33517272
传　　真：021-33517085
网　　址：www.hallite.com
主要产品：密封制品

斯凯孚（中国）有限公司

公司地址：上海市黄浦区半淞园路 377 号
电　　话：021-53068866
传　　真：021-63617855
网　　址：www.skf.com/cn
主要产品：密封制品

西北橡胶塑料研究设计院有限公司

公司地址：陕西省咸阳市秦都区西华路 2 号
电　　话：029-33621344
传　　真：029-33621360
网　　址：www.xbxj.chemchina.com
主要产品：橡胶密封制品

优泰科（苏州）密封技术有限公司

公司地址：江苏省苏州市苏州工业园区界浦路南江田里路 25 号
电　　话：0512-62795018
传　　真：0512-62797880
网　　址：www.utec.cc
主要产品：密封件、密封材料

北京建科汇峰科技有限公司

公司地址：北京市通州区永乐店镇柴厂屯村东（联航大厦）1-2926 号
电　　话：0316-5175885
传　　真：0316-5175887
网　　址：www.jkhfseal.com
主营业务：超高压密封元件研发与生产

广州宝力特密封技术有限公司

公司地址：广东省广州市黄埔区田园路 97 号
电　　话：020-32198021
传　　真：020-32149617
网　　址：www.blt-seal.com
主要产品：密封件

新余市力科达科技有限公司

公司地址：江西省新余市渝水区袁河经开区钢铁产业服务中心 3P 厂房 D 地块 4 号厂房
电　　话：13917083595
邮　　箱：record@lkd-record.com
网　　址：www.jxrecord.com
主要产品：主轴承密封剂、盾尾密封剂

5.4 盾构机特种螺栓

中铁隆昌铁路器材有限公司

公司地址：四川省内江市隆昌县金鹅街道重庆路598号
电　　话：0832-3998122
网　　址：www.lc-railway.com
主要产品：特种螺栓

湖北玖天机车部件有限公司

公司地址：湖北省孝感市安陆市经济开发区
电　　话：0712-5251699
网　　址：www.hbjiutian.com
主要产品：盾构机刀盘连接螺柱、螺母、垫片

沈阳东亿机械制造有限公司

公司地址：辽宁省沈阳市经济技术开发区沈辽路6号街
电　　话：024-89357995
传　　真：024-89357996
网　　址：www.china-dongyi.com
主要产品：紧固件、螺栓

襄阳福瑞特机械制造有限公司

公司地址：湖北省襄阳市襄州区张湾镇钢铁路8号
电　　话：0710-2878505
网　　址：www.zcfrt.com
主要产品：特种螺栓

5.5 吊索具

巨力索具股份有限公司

公司地址：河北省保定市徐水区巨力路
电　　话：0312-8777777
传　　真：0312-8555555
网　　址：www.julisling.com
主要产品：钢丝绳索具等

上海君威钢绳索具有限公司

公司地址：上海市宝山区春和路380号
电　　话：021-66933101
传　　真：021-66933101
网　　址：www.jwgangsheng.cn.china.cn
主要产品：钢丝绳索具等

柳州欧维姆机械股份有限公司

公司地址：广西壮族自治区柳州市鱼峰区阳和工业园阳惠路1号
电　　话：0772-3126784
传　　真：0772-3129341
网　　址：www.ovmchina.com
主要产品：钢丝绳索具等

北京起重工具厂

公司地址：北京市朝阳区红庙首都经济贸易大学校办厂
电　　话：010-85995857
网　　址：www.eiiibcjcm.sooshong.com
主要产品：钢丝绳索具等

5.6　电缆

远东电缆有限公司

公司地址：江苏省宜兴市远东大道 8 号
电　　话：0510-87242500
传　　真：0510-87242500
网　　址：www.fe-cable.com
主要产品：各种电缆

河北华通线缆集团有限公司

公司地址：河北省唐山市丰南区经济开发区华通大街 111 号
电　　话：0315-5099808
传　　真：0315-5098800
网　　址：www.huatongcables.com
主要产品：电缆

上海蓝昊电气股份有限公司

公司地址：上海市淮海中路 1045 号淮海国际广场 1903 室
电　　话：021-54960492
传　　真：021-54960492
网　　址：www.cnlhe.com
主要产品：各种电缆

江苏上上电缆集团

公司地址：江苏省溧阳市上上路 68 号
电　　话：0519-87308866
网　　址：www.shangshang.com
主要产品：各种电缆

无锡江南电缆厂

公司地址：江苏省宜兴市官林镇新官东路 53 号
电　　话：0510-87238261
传　　真：0510-87200620
网　　址：www.jncable.com.cn
主要产品：各种电缆

安徽华联电缆集团有限公司

公司地址：安徽省芜湖市无为县龙庵工业区
电　　话：0553-6864198
传　　真：0553-6867855
网　　址：www.hualian-group.com
主要产品：各类高端电缆及特种电缆

5.7　蓄电池及充电机

淄博火炬能源有限责任公司

公司地址：山东省淄博市张店区南定镇南罗路 19 号
电　　话：0533-2276488
传　　真：0533-2980136
网　　址：www.torchbat.com.cn
主要产品：蓄电池

上海诺法科技有限公司

公司地址：上海市松江区辰花路 819 号 102 室
电　　话：13816973960
网　　址：www.nofatech.com
主要产品：电机车用能量型电池系统

江苏快乐电源股份有限公司

公司地址：江苏省淮安市涟水经济开发区红日大道 25 号
电　　话：0517-82738302
传　　真：0517-82736226
网　　址：www.jskl-battery.com
主要产品：蓄电池

淮南通霸蓄电池有限公司

公司地址：安徽省淮南市大通区
电　　话：0554-6642230
传　　真：0554-6642230
网　　址：www.tong-ba.com
主要产品：蓄电池

合肥迅启蓄电池有限公司

公司地址：安徽省合肥市望江东路 365 号
电　　话：0551-65710670
传　　真：0551-63523891
网　　址：www.ahxunqi.com
主要产品：蓄电池

淄博存能经贸有限公司

公司地址：山东省淄博市张店区金晶大道 31 号
电　　话：0533-3126995
传　　真：0533-3126995
网　　址：www.zbcunneng.com
主要产品：蓄电池

西安开元变压整流设备厂

公司地址：陕西省西安市任家口工业小区 3 号
电　　话：029-84415217
传　　真：029-84414426
网　　址：www.xa-ky.com
主要产品：充电机

深圳动力时代科技有限公司

公司地址：广东省深圳市龙岗区坂田镇吉华路上雪科技工业城西区三号一栋
电　　话：0755-88847855
传　　真：0755-28197765
网　　址：www.cn.power-time.com
主要产品：充电桩、电容

5.8　盾构油脂与泡沫剂

壳牌（中国）有限公司

公司地址：北京市朝阳区建国门外大街 1 号国贸大厦 B 座 30 层
电　　话：010-65296616
传　　真：010-65296666
网　　址：www.shell.com.cn
主要产品：主轴密封润脂、盾前盾尾密封脂

道达尔润滑油（中国）有限公司

公司地址：上海市西藏中路 268 号来福士广场 3803～3806 室
电　　话：021-23202000
传　　真：021-23202001
网　　址：www.lubricants.totalenergies.cn
主要产品：主轴密封润脂、盾前盾尾密封脂

虎牌石油（中国）有限公司

公司地址：浙江省宁波市滨海工业开发区
电　　话：0574-87379555
传　　真：0574-87721326
网　　址：www.tigerpetroleum.cn
主要产品：主轴密封润滑脂、盾尾密封脂

康达特集团

公司地址：上海市外高桥保税区美桂南路 331 号 56 号厂房二楼北部
电　　话：021-50484618
邮　　箱：info@condat.cn
网　　址：www.condat.cn
主要产品：密封油脂、泡沫润滑剂等

上海纳克润滑技术有限公司

公司地址：上海市上海化学工业区舜工路 88 号
电　　话：021-58585556
传　　真：021-58585337
网　　址：www.nacolube.com
主要产品：主轴密封润滑脂、盾尾密封脂、泡沫剂

沈阳鑫山盟建材有限公司

公司地址：辽宁省沈阳市于洪区汪河路 33-2 号（洱海路 44 号）
电　　话：18309839918
主要产品：泡沫剂、油脂

北京高新市政工程科技有限公司

公司地址：北京市海淀区杏石口路甲 40 号
电　　话：010-88462132
传　　真：010-88463692
网　　址：www.bjgxszkj.com
主要产品：盾尾密封油脂、泡沫剂

东莞市明洁隧道建设材料有限公司

公司地址：广东省东莞市常平镇袁山贝村富民路 85 号 B 厂房
电　　话：0769-82827691
传　　真：0769-82827660
网　　址：www.dgmjsd.com
主要产品：盾尾密封油脂、泡沫剂

中铁建华南建设（广州）高科技产业有限公司

公司地址：广东省广州市南沙区万顷沙镇永兴东路 21 号
电　　话：020-39011460
传　　真：020-39011460
网　　址：www.crhnjsgk.crcc.cn
主要产品：盾尾油脂、泡沫剂

河北金坤工程材料有限公司

公司地址：河北省任丘市雁翎工业园区北区
电　　话：0317-3389911
网　　址：www.hbtaiyu.com
主要产品：盾尾油脂、泡沫剂

湖北博腾新材料有限公司

公司地址：湖北省公安县孱陵大道 26 号
电　　话：027-87866680
传　　真：027-87866672
网　　址：www.botton.net.cn
主要产品：盾尾密封油脂、泡沫剂

中铁十六局集团物资贸易有限公司工业分公司

公司地址：北京市朝阳区东坝红花松园北里 2 号院 22 号楼
电　　话：010-51883062
主要产品：盾尾油脂、泡沫剂

日本松村石油株式会社香港公司

公司地址：1510 Tower 2 Metroplaza 223, Hing Fong Road, Kwai Chung, N.T., Hong Kong
电　　话：+852-24268388、+852-24197272
网　　址：www.moresco.co.jp
主要产品：盾尾油脂、泡沫剂

山东天佑隧道工程设备有限公司

公司地址：山东省聊城市经济开发区
电　　话：0635-8368869
传　　真：0635-8368869
网　　址：www.sdtysd.com
主要产品：盾尾油脂、泡沫剂

北京铁五院工程机械有限公司

公司地址：北京市大兴区工业开发区科苑路 18 号
电　　话：010-89230536
网　　址：www.t5y.cn
主要产品：盾尾油脂、泡沫剂

南通盘天新材料有限公司

公司地址：江苏省启东市高新技术产业开发区聚海路 18-1 号
电　　话：13671948687
传　　真：0513-83921098
主要产品：盾尾油脂、泡沫剂

北京合东双科技有限公司

公司地址：北京市海淀区显龙山路 19 号 1 幢 2 层 2 座 215 室
电　　话：010-62960352
传　　真：010-62960352
网　　址：www.hedongshuang.com
主要产品：盾尾油脂、泡沫剂

珠海桦泽工业有限公司

公司地址：广东省珠海市高栏港经济区精细化工专区南海港西路
电　　话：0756-7716978
传　　真：0756-7715978
网　　址：www.huaze.tm
主要产品：盾尾油脂、泡沫剂

5.9　油品类（润滑油、液压油、齿轮油等）

壳牌（中国）有限公司

公司地址：北京市朝阳区建国门外大街 1 号国贸大厦 B 座 30 层
电　　话：010-65296616
传　　真：010-65296666
网　　址：www.shell.com.cn
主要产品：润滑油、液压油、齿轮油

道达尔润滑油（中国）有限公司

公司地址：上海市西藏中路 268 号来福士广场 3803～3806 室
电　　话：021-23202000
传　　真：021-23202001
网　　址：www.total-lub.com.cn
主要产品：润滑油、液压油、齿轮油

埃克森美孚（中国）投资有限公司

公司地址：上海市天钥桥路 30 号美罗大厦 17 层
电　　话：021-34116000
传　　真：021-24076070
网　　址：www.mobiloil.com.cn
主要产品：润滑油、液压油、齿轮油

碧辟（中国）投资有限公司

公司地址：北京市朝阳区东三环中路 1 号环球金融中心西塔 20 层
电　　话：010-65893888
传　　真：010-85879711
网　　址：www.bp.com
主要产品：润滑油、液压油、齿轮油

中国石化润滑油有限公司（长城润滑油）

公司地址：北京市海淀区安宁庄西路 6 号
电　　话：400-810-9886
传　　真：010-62917732
网　　址：www.sinolube.com
主要产品：润滑油

中国石油润滑油公司（昆仑润滑油）

公司地址：北京市朝阳区太阳宫金星园 8 号楼（中油昆仑大厦）A 座 17 层
电　　话：956100
传　　真：010-63592230
网　　址：www.kunlunlube.cnpc.com.cn
主要产品：润滑油

虎牌石油（中国）有限公司

公司地址：浙江省宁波市滨海工业开发区
电　　话：0574-87379555
传　　真：0574-87721326
网　　址：www.tigerpetroleum.cn
主要产品：润滑脂、液压油、齿轮油

信达化工科技有限公司

公司地址：河北省任丘市雁翎工业区
电　　话：13833733995
网　　址：www.xinda-chemical.com
主要产品：润滑油

新西兰埃尔科石油化工有限公司

公司地址：广东省广州市天河区天河直街 55 号华苑大厦 D 栋 17 楼
电　　话：020-38807178
传　　真：020-38805628
网　　址：www.nz-elco.com
主要产品：润滑油

5.10 土体改良与同步注浆材料（分散剂、聚合物等）

中华优固企业集团

公司地址：浙江省杭州市萧山区太古广场 1 幢 906 室
电　　话：0373-8791368
传　　真：0373-8791898
网　　址：www.u-good.com
主要产品：克泥效

福建中天交通工程技术服务有限公司

公司地址：福建省福州市马尾区湖里路 27 号 1 号楼 2-12U 室（自贸试验区内）
电　　话：0731-89783591
传　　真：0731-89713543
网　　址：www.fjztjt.com
主要产品：克泥效、同步双液注浆

佛山市泰迪斯材料有限公司

公司地址：广东省广州市荔湾区浣花路临时 53～57 号
电　　话：020-81691277
传　　真：020-81691694
主营产品：衡盾泥

沈阳鑫山盟建材有限公司

公司地址：辽宁省沈阳市于洪区汪河路 33-2 号（洱海路 44 号）
电　　话：18309839918
主营产品：土体改良材料

东莞市明洁隧道建设材料有限公司

公司地址：广东省东莞市常平镇袁山贝村富民路 85 号 B 厂房
电　　话：0769-82827691
传　　真：0769-82827660
网　　址：www.dgmjsd.com
主要产品：土体改良材料

北京金隅砂浆有限公司

公司地址：北京市房山区窦店镇亚新路 17 号（金隅窦店科技产业园）
电　　话：010-80307306
传　　真：010-80307306
主要产品：同步注浆预拌砂浆

5.11　管片螺栓、管片预埋件、防水材料

5.11.1　管片螺栓

中铁十六局集团物资贸易有限公司工业分公司

公司地址：北京市朝阳区东坝红花松园北里2号院22号楼
电　　话：010-51883062
主要产品：管片螺栓

中铁隧道局集团有限公司设备分公司

公司地址：广东省广州市南沙区南沙街工业四路2号9层
电　　话：020-32268731
网　　址：www.ctg-zysb.com
主要产品：管片螺栓

湖北玖天机车部件有限公司

公司地址：湖北省孝感市安陆市经济开发区
电　　话：0712-5250699
网　　址：www.hbjiutian.com
主要产品：盾构主驱动、刀盘链接螺栓

邯郸市诚信紧固件制造有限公司

公司地址：河北省邯郸市永年县名鸡路魏庄工业区
电　　话：0310-3713125
网　　址：www.cxjgj.com
主要产品：螺栓

邯郸市永年区瑞杰紧固件制造有限公司

公司地址：河北省邯郸市永年区河北铺工业区
电　　话：0310-6892625、0310-8303025
传　　真：0310-6892625
网　　址：www.ynrjjgj.com
主要产品：地铁专用连接螺栓、管片连接螺栓、高速铁路螺栓

太仓中博铁路紧固件有限公司

公司地址：江苏省太仓市沙溪工业园陶湾中心路88号
电　　话：0512-53371081
传　　真：0512-53371080
网　　址：www.zb-railfastening.com
主要产品：铁路紧固件、铁路专用设备

5.11.2　管片预埋件

哈芬集团

公司地址：北京市朝阳区朝阳门外大街甲6号万通中心D座601室
电　　话：010-59073200
传　　真：010-59073218
网　　址：www.halfen.com/cn
主要产品：预埋槽道

江苏远兴集团建设有限公司

公司地址：江苏省宜兴市环科园新街百合工业区
电　　话：0510-87131111
传　　真：0510-87138713
网　　址：www.jsyxep.com
主要产品：预埋槽道

山东天盾矿用设备有限公司

公司地址：山东省聊城市阳谷县侨润办事处祥光经济开发区
电　　话：0635-2157968
传　　真：0635-2157189
网　　址：www.chinatiandun.com
主要产品：预埋槽道

中石化石油机械股份有限公司

公司地址：湖北省武汉市江夏区光谷大道 77 号金融港 A2
电　　话：027-52307632
主要产品：预埋槽道

江苏华彤新能源科技有限公司

公司地址：江苏省泰州市姜堰区顾高镇工业集中区 88 号
电　　话：0523-88573002
传　　真：0523-88573004
网　　址：www.jshtxny.com
主要产品：预埋槽道

山东安泰克工程材料有限公司

公司地址：山东省青岛市即墨市北安街道办事处西戈庄村
电　　话：0532-85850332
传　　真：0532-85883671
网　　址：www.anteky.com
主要产品：预埋槽道

5.11.3　防水材料

西北橡胶塑料研究设计院有限公司

公司地址：陕西省咸阳市秦都区西华路 2 号
电　　话：029-33621344
传　　真：029-33621360
网　　址：www.xbxj.chemchina.com
主要产品：管片止水条等防水材料

江阴海达橡胶股份有限公司

公司地址：江苏省江阴市周庄镇云顾路 585 号
电　　话：0510-86900100
传　　真：0510-86905215
网　　址：www.haida.cn
主要产品：管片止水条等防水材料

上海彭浦橡胶制品有限公司

公司地址：上海市宝山区环镇南路 858 弄九号楼 801 室
电　　话：021-56689222
传　　真：021-66518115
网　　址：www.shpengpurubber.cn
主要产品：管片止水条等防水材料

上海长宁橡胶制品厂有限公司

公司地址：上海市中山西路 1279 弄 2 号
电　　话：021-32092098
传　　真：021-32092215
网　　址：www.changning-rubber.com.cn
主要产品：管片止水条等防水材料

上海紫江橡胶制品有限公司

公司地址：上海市闵行区沪闵路 5688 号
电　　话：021-64887900
传　　真：021-64880104
网　　址：www.6013719.czvv.com
主要产品：管片止水条等防水材料

5.12　盾构特种材料（金属和耐磨钢板等）

厦门金鹭特种合金有限公司

公司地址：福建省厦门市同安工业集中园集成路 1601～1629 号
电　　话：0592-2650635
传　　真：0592-2650635
网　　址：www.gesac.com.cn
主要产品：硬质合金、刀具材料

春保森拉天时钨钢（上海）有限公司

公司地址：上海市松江区洞泾镇洞泾工业区洞库路 51 号
电　　话：021-67679401
传　　真：021-37679003
网　　址：www.cbcarbide.com
主要产品：硬质合金、刀具材料

瑞钢钢板（中国）有限公司

公司地址：江苏省昆山市玉山镇元丰路 123 号
电　　话：0512-50128100
传　　真：0512-50128100
网　　址：www.ssab.com
主要产品：硬质合金、刀具材料

株洲硬质合金集团有限公司

公司地址：湖南省株洲市钻石路 288 号
电　　话：0731-28261605
传　　真：0731-28162777
网　　址：www.601.cn
主要产品：硬质合金材料

西宁特殊钢股份有限公司

公司地址：青海省西宁市城北区柴达木西路 52 号
电　　话：0971-5299531
邮　　箱：xntg0971@163.com
网　　址：www.xntg.com
主要产品：特种钢、精品特钢

株洲精特硬质合金有限公司

公司地址：湖南省株洲市天元区天易科技城自主创业园 D 地块 D6-1 栋
电　　话：13973329698
传　　真：0731-28335230
网　　址：www.gtcarbide.com
主要产品：硬质合金刀具、硬质合金材料

济南新宇硬质合金有限公司

公司地址：山东省济南市章丘区高官寨街道工业园工业路 8 号
电　　话：0531-83585858
网　　址：www.jnyzhj.com
主要产品：盾构刀具类合金

浙江恒成硬质合金有限公司

公司地址：浙江省东阳市城南西路 312 号
电　　话：0579-86180111
传　　真：0579-86814559
网　　址：www.hccarbide.com
主要产品：盾构刀具、棒材、线材等

帮采科技（天津）有限公司

公司地址：天津市和平区南京路 189 号津汇广场 2 座 29 层
电　　话：18702233619
网　　址：www.novosourcing.com
主要产品：合金耐磨片

5.13　盾构其他配件

苏州史比特照明科技有限公司

公司地址：江苏省苏州市吴中区木渎镇金枫南路 1258 号 A3-4
电　　话：0512-69213022
传　　真：0512-69213020
网　　址：www.speeter.cn
主营业务：盾构机照明灯具

特瑞普（广州）冷热设备有限公司

公司地址：广东省广州市增城区国家经济技术开发区创立路 1 号
电　　话：020-82453507
网　　址：www.tranpcn.com
主要产品：隧道空调、冷却系统

万泰（苏州）环境科技有限公司

公司地址：江苏省苏州市工业园区科智路 1 号中新科技工业坊 D1 单元
电　　话：0512-67888813
邮　　箱：info@ultravt.com
网　　址：www.ultravt.cn
主要产品：水冷制冷机组

6

第6章

盾构服务企业

6.1 盾构吊装及运输

北京华晨益吊装运输有限公司

公司地址：北京市房山区阎村镇
电　　话：13311201233
传　　真：010-89230385
网　　址：www.bjhcydz.com
主营业务：盾构吊装及运输

河南三超货物运输有限公司

公司地址：河南省郑州市惠济区花园口镇申庄村
电　　话：0371-65633093
传　　真：0371-65633093
主营业务：盾构吊装及运输

广东力福丁工业设备安装有限公司

公司地址：广东省广州市荔湾区浣花路 109 号 8145 室
电　　话：020-81499827
网　　址：www.gdlfd.cn
主营业务：盾构吊装及运输

大连佳辉物流有限公司

公司地址：辽宁省大连市中山区五五路 4A 号上方港景 28 楼
电　　话：0411-82775805
邮　　箱：marketing@sinofardl.com
网　　址：www.oceanfavor.com
主营业务：盾构运输与工程物流

广东力特工程机械有限公司

公司地址：广东省广州市黄埔红荔路动力大厦 B 座 5 楼
电　　话：020-82094270
传　　真：020-82217562
网　　址：www.gdlift.com
主营业务：盾构吊装及运输

合肥市丰力起重吊装有限公司

公司地址：安徽省合肥市裕溪路 321 号
电　　话：0551-64539098
传　　真：0551-64539098
网　　址：www.ahfengliqz.com
主营业务：盾构吊装及运输

广州每日物流管理技术有限公司

公司地址：广东省广州市黄埔区开创大道 1936 号奥园广场
电　　话：020-82229522
传　　真：020-82226562
网　　址：www.365today.com.cn
主营业务：盾构运输与工程物流

鲁重建设工程有限公司

公司地址：上海市浦东新区杨南路 485 号 B 楼 213 室
电　　话：13564165999
主营业务：盾构吊装

北京旭壹吊装工程有限公司

公司地址：北京市房山区辰光东路 16 号院 1 号楼 9 层 910
电　　话：010-80303689
主营业务：盾构机吊装及运输

成都巨象设备吊装工程有限公司

公司地址：四川省成都市龙泉驿区经开区车城东 6 路 379 号
电　　话：028-84133055
传　　真：028-84133055
网　　址：www.cdjxdz.com
主营业务：盾构吊装

上海山福起重运输有限公司

公司地址：上海市崇明县堡镇镇新港路
电　　话：021-66831825
传　　真：021-66831825
网　　址：www.sf66.net.cn
主营业务：盾构运输与工程物流

华贸供应链武汉有限公司

公司地址：湖北省武汉市武汉吴家山台商投资区高桥产业园台中大道特 1 号
电　　话：027-85559932
网　　址：www.hmgylwhyxgs.21hubei.com
主营业务：盾构运输与工程物流

上海励志工程建设有限公司

公司地址：上海市金山区龙胜路 540 号圣普商办楼 502 室
电　　话：021-57968504
传　　真：021-57968504
网　　址：www.leeds-sh.com
主营业务：盾构吊装

北京同合吊装有限公司

公司地址：北京市朝阳区红松园北里 18 号院 3 号楼 5 层 508 室
电　　话：010-51200997
传　　真：010-51200997
主营业务：盾构吊装及运输

陕西德辉实业发展有限公司

公司地址：陕西省西安市石化大道北徐什字南段邓六路 558 号
电　　话：029-84361669
传　　真：029-84361669
网　　址：www.sxdehui.com
主营业务：盾构吊装及运输

深圳市粤润通吊装运输有限公司

公司地址：广东省东莞市长安镇德政东路 38 号万宝城 5 楼 A 座
电　　话：0769-82788145
网　　址：www.yrt66.com
主营业务：盾构吊装及运输

6.2 盾构劳务及技术服务

中隧隧盾国际建设工程有限公司

公司地址：北京市昌平区北七家定泗路 88 号
电　　话：010-80782784
传　　真：010-80782984
网　　址：www.ctsic.com
主营业务：盾构劳务及技术服务

中铁工程服务有限公司

公司地址：四川省成都市金牛区金凤凰大道 666 号中铁轨道交通高科技产业园 A11 栋二单元
电　　话：028-83222399
传　　真：028-83571008
网　　址：www.cresc.cn
主营业务：施工技术服务（包括专业分包、劳务分包等）

福建中天交通工程技术服务有限公司

公司地址：福建省福州市马尾区湖里路 27 号 1 号楼 2-12U 室（自贸试验区内）
电　　话：0731-89783591
传　　真：0731-89713543
网　　址：www.fjztjt.com
主营业务：盾构劳务及技术服务

北京盾通达科技服务有限公司

公司地址：北京市门头沟区石龙经济开发区永安路 20 号 3 号楼 B1-5217 室
电　　话：13601391668
主营业务：盾构劳务及技术服务

北京京菏磐石建设工程有限公司

公司地址：北京市丰台区大红门锦苑 6 号院
电　　话：010-53683645
主营业务：盾构劳务及技术服务

淮安市中球盾构技术服务有限公司

公司地址：江苏省淮安市淮阴区丁集镇劳动村张庄 49 号
电　　话：15801778055
主要产品：专业钢套筒（盾构始发接收装置）

广州吉原交通工程技术有限公司

公司地址：广东省广州市番禺区番禺大道北 555 号番禺节能科技园科技创业中心 610
电　　话：020-39211656
传　　真：020-39211659
网　　址：www.jointech.tech
主营业务：盾构劳务及技术服务

泰通建设集团有限公司

公司地址：辽宁省大连市沙河口区鞍山路丽都园 23 号
电　　话：0411-86778151
传　　真：0411-86778152
网　　址：www.tastod.com
主营业务：施工总承包、专业分包

北京赛瑞斯国际工程咨询有限公司

公司地址：北京市西城区白广路 4 号 401 室
电　　话：010-52256055
网　　址：www.bjceris.com.cn
主营业务：工程咨询

中源万达（北京）建设工程有限公司

公司地址：北京市昌平区天通中苑二区 42 号
电　　话：010-84820686
手　　机：13701206312
主营业务：地基基础、注浆加固

天津荣鑫工程技术有限公司

公司地址：天津市武清区
联 系 人：温彦生
电　　话：17600370385
主营业务：盾构机维修改造、劳务及技术服务

北京京合顺通隧道工程有限公司

公司地址：北京市大兴区西红门镇嘉悦广场 3 号楼 1315 室
电　　话：010-80220862
传　　真：010-80220931
主营业务：盾构劳务及技术服务

北京瑞威世纪铁道工程有限公司

公司地址：北京市海淀区羊坊店路 18 号光耀东方广场 N1116 室
电　　话：010-82113702
邮　　箱：zhangjc@bjrw163.com
网　　址：www.bjrwsj.com.cn
主营业务：盾构劳务及技术服务

北京荣德锦瑞建设工程有限公司

公司地址：北京市怀柔区雁栖经济开发区雁栖大街 13 号 3 层
邮　　箱：401445805@qq.com
主营业务：施工承包及劳务分包服务

中铁隧道局集团有限公司设备分公司

公司地址：广东省广州市南沙区南沙街工业四路 2 号 9 层
电　　话：020-32268731
网　　址：www.ctg-zysb.com
主营业务：技术服务

北京中煤矿山工程有限公司

公司地址：北京市朝阳区和平里青年沟路 5 号
电　　话：010-84263100
传　　真：010-64261563
网　　址：www.bmc.ccteg.cn
主营业务：工程咨询

6.3 盾构机及相关设备租赁

中铁建特种装备工程有限公司

公司地址：湖南省长沙市经济技术开发区东七路 88 号
电　　话：0731-84071864
主营业务：盾构设备租赁

沈阳盾构设备工程有限公司

公司地址：辽宁省沈阳市沈河区惠工街泽工南巷 20 号
电　　话：024-22722323
传　　真：024-22722323-820
主营业务：盾构设备（含配套设备）租赁

中铁工程服务有限公司

公司地址：四川省成都市金牛区金凤凰大道 666 号中铁轨道交通高科技产业园 A11 栋二单元
电　　话：028-83222399
传　　真：028-83571008
网　　址：www.cresc.cn
主营业务：装备管理技术服务

辽宁三三工业有限公司

公司地址：辽宁省辽阳市向阳工业园区鞍阳街 33 号
电　　话：0419-7668333
传　　真：0419-7183999
网　　址：www.lnsstbm.com
主营业务：盾构机租赁

浙江物产工程技术服务有限公司

公司地址：浙江省杭州市环城西路 56 号
电　　话：0571-81050015
传　　真：0571-88169507
网　　址：www.wzets.com
主营业务：盾构设备租赁

徐工集团凯宫重工南京股份有限公司

公司地址：江苏省南京市江宁区滨江开发区广济路 189 号
电　　话：025-84913673
传　　真：025-84913673
网　　址：www.kgheavy.com
主营业务：盾构设备租赁

四川锦绣山河交通工程有限公司

公司地址：四川省成都市金牛区凤凰大道 666 号中铁轨道交通高科技产业园 B 区 12 栋
电　　话：028-87050532
网　　址：www.jinxiujiaotong.com
主营业务：盾构设备租赁

北京京合顺通隧道工程有限公司

公司地址：北京市大兴区西红门镇嘉悦广场 3 号楼 1315 室
电　　话：010-80220862
传　　真：010-80220931
主营业务：盾构设备租赁

6.4 盾构配件经销商

北京晋太机械设备有限公司

公司地址：北京市房山区长沟镇荷塘月色 1-19
电　　话：13717929110
网　　址：www.shop1457542999664.1688.com
主营业务：盾构机配件经销

成都合瑞达科技集团有限公司

公司地址：四川省成都市金牛区中铁产业园 A 区
电　　话：19158836223
网　　址：www.heroda.cn
主营业务：润滑油、油脂泵等产品经销

河北轩博液压机电设备有限公司

公司地址：河北省石家庄市正定县中山西路 151 号
电　　话：18612816961
主营业务：液压油缸、液压泵站等销售

河南凯英蓝天能源科技有限公司

公司地址：河南省郑州市金水东路 49 号绿地原盛国际 3 号楼 A 座 11 层 136
电　　话：0371-65909922
传　　真：0371-65907378
网　　址：www.kylt666.com
主营业务：空压机及配套产品，盾构制冷系统、油脂泵、渣浆泵、泥浆软管等

广州浩卫机械设备有限公司

公司地址：广东省广州市天河区新塘大街 28 号祺禾商贸园 C 栋 1016
电　　话：020-29003557
传　　真：020-29003556
网　　址：www.shop1431575305296.1688.com
主营业务：盾构机配件经销

广州市昊瀚机电工程有限公司

公司地址：广东省广州市黄埔区黄埔东路 3889 号玩具城 10 街 128 号
电　　话：020-82050075
网　　址：www.gzhaohan.cn
主营业务：盾构机配件销售

附录 1

中国盾构工程建设管理单位

单位名称	地址	网址
北京市轨道交通建设管理有限公司	北京市西城区百万庄大街甲 2 号	www.bjgdjs.com
北京城市快轨建设管理有限公司	北京市东城区东直门外大街 39 号院 2 号楼 7 层	www.bjjcx.net
上海申通地铁集团有限公司	上海市徐汇区桂林路 909 号	www.shmetro.com
广州地铁集团有限公司	广东省广州市海珠区新港东路 1238 号万胜广场 A 塔	www.gzmtr.com
深圳市地铁集团有限公司	广东省深圳市福田区福中一路 1016 号地铁大厦	www.szmc.net
天津轨道交通集团有限公司	天津市西青区才智道 36 号华苑车辆段	www.tjgdjt.com
南京地铁集团有限公司	江苏省南京市玄武区中山路 228 号	www.njmetro.com.cn
成都轨道交通集团有限公司	四川省成都市高新区天府大道中段 396 号	www.chengdurail.com
武汉地铁集团有限公司	湖北省武汉市洪山区欢乐大道 77 号	www.wuhanrt.com
苏州市轨道交通集团有限公司	江苏省苏州市干将西路 668 号	www.sz-mtr.com
合肥市轨道交通集团有限公司	安徽省合肥市阜阳路 17 号	www.hfgdjt.com
沈阳地铁集团有限公司	辽宁省沈阳市沈河区东滨河路 28-3 号	www.symtc.com
南昌轨道交通集团有限公司	江西省南昌市红谷滩新区丰和中大道地铁大厦	www.ncmtr.com
郑州地铁集团有限公司	河南省郑州市郑东新区康宁街 100 号	www.zzmetro.cn
长沙市轨道交通集团有限公司	湖南省长沙市雨花区杜花路 166 号	www.hncsmtr.com

续上表

单位名称	地址	网址
杭州市地铁集团有限责任公司	浙江省杭州市江干区九和路 516 号	www.hzmetro.com
福州地铁集团有限公司	福建省福州市轨道交通指挥中心（福州市达道路 156 号）	www.fzmtr.com
昆明轨道交通集团有限公司	云南省昆明市盘龙区北京路 915 号	www.kmgdgs.com
济南轨道交通集团有限公司	山东省济南市历下区解放东路 5 号济南轨道交通大厦	www.jngdjt.cn
南宁轨道交通集团有限责任公司	广西壮族自治区南宁市云景路 69 号南宁市轨道交通运营控制中心综合调度指挥大楼	www.nngdjt.com
贵阳市公共交通投资运营集团有限公司	贵州省贵阳市观山湖区龙滩坝路迈德国际 A1 栋	www.gyurt.com
无锡地铁集团有限公司	江苏省无锡市梁溪区清扬路 228 号地铁大厦	www.wxmetro.net
大连地铁集团有限公司	辽宁省大连市西岗区长江路 539 号 1701 室	www.dlmetro.com
青岛地铁集团有限公司	山东省青岛市崂山区深圳路 99 号青岛地铁应急指挥中心	www.qd-metro.com
东莞市轨道交通有限公司	广东省东莞市南城区东莞大道 116 号	www.dggdjt.com
石家庄市轨道交通集团有限责任公司	河北省石家庄市高新区秦岭大街 116 号	www.sjzmetro.cn
兰州市轨道交通有限公司	甘肃省兰州市城关区东岗东路 55 号	www.lzgdjt.com
太原轨道交通集团有限公司	山西省太原市小店区龙城大街 95 号太原地铁控制中心	www.tymetro.ltd
常州市轨道交通发展有限公司	江苏省常州市天宁区中吴大道 1259 号	www.czmetro.net.cn
厦门轨道建设发展集团有限公司	福建省厦门市思明区湖滨中路 86 号、88 号	www.xmgdjt.com.cn
乌鲁木齐城市轨道集团有限公司	新疆维吾尔自治区乌鲁木齐市经济技术开发区（头屯河区）鄱阳路 336 号	www.urumqimtr.com
徐州地铁集团有限公司	江苏省徐州市和平大道 126-9 号地铁大厦	www.xzdtjt.com
长春市轨道交通集团有限公司	吉林省长春市南关区华庆路 999 号	www.ccqg.com

续上表

单位名称	地址	网址
西安市轨道交通集团有限公司	陕西省西安市经济技术开发区凤城八路 126 号地铁大厦	www.xianrail.com
宁波市轨道交通集团有限公司	浙江省宁波市宁穿路 3399 号	www.nbmetro.com
哈尔滨地铁集团有限公司	黑龙江省哈尔滨市南岗区学府路 65 号	www.harbin-metro.com
呼和浩特城市交通投资建设集团有限公司	内蒙古自治区呼和浩特市赛罕区机场南辅路 104 号	www.hhhtmetro.com
重庆市轨道交通（集团）有限公司	重庆市渝北区金开大道西段重庆轨道交通大竹林基地	www.cqmetro.cn
洛阳市轨道交通集团有限责任公司	河南省洛阳市洛龙区通衢路 207 号	www.lysubway.com.cn
佛山市地铁集团有限公司	广东省佛山市禅城区魁奇二路佛山地铁大厦	www.fmetro.net
南通轨道交通集团有限公司	江苏省南通市崇川区崇川路 158 号	www.ntrailway.com
台州市轨道交通集团有限公司	浙江省台州市椒江区广场南路 50 弄 1 号金顺大厦 5 楼	
广东广佛轨道交通有限公司	广东省佛山市南海区广佛地铁夏南综合基地	www.guangfometro.cn
温州市铁路与轨道交通投资集团有限公司	浙江省温州市鹿城区南汇街道温州大道 2305 号	www.wzmtr.com
广西柳州市轨道交通投资发展集团有限公司	广西壮族自治区柳州市东环大道 232 号之一	www.gxlzgdjt.com
芜湖市轨道交通有限公司	安徽省芜湖市镜湖区北京西路 16 号	
绍兴市轨道交通集团有限公司	浙江省绍兴市越城区解放大道 386 号地铁大厦	www.sxsmtr.cn
西咸新区轨道交通投资建设有限公司	陕西省西咸新区沣东新城征和四路 2168 号自贸产业园 5 号楼 A、D 栋 3～5 层	

附录 2

中国盾构工程施工单位

公司名称	地址	网址
中铁一局集团有限公司	陕西省西安市雁塔北路 1 号	www.crfeb.com.cn
中铁二局集团有限公司	四川省成都市通锦路 16 号	www.cregc.com.cn
中铁三局集团有限公司	山西省太原市迎泽大街 269 号	www.ztsj.com
中铁四局集团有限公司	安徽省合肥市望江东路 96 号	www.crec4.com
中铁五局集团有限公司	湖南省长沙市雨花区韶山北路 309 号	www.ztwj.cn
中铁六局集团有限公司	北京市海淀区万寿路 2 号	www.crsg.com.cn
中铁七局集团有限公司	河南省郑州市航海东路 1225 号	www.crsg.cn
中铁八局集团有限公司	四川省成都市金牛区金科东路 68 号	www.cr8gc.com
中铁九局集团有限公司	辽宁省沈阳市和平区胜利南街 46 号	www.9j.crec.cn
中铁十局集团有限公司	山东省济南市高新区舜泰广场 7 号楼	www.cr10g.com
中铁隧道局集团有限公司	广东省广州市南沙区工业四路 2 号	www.crtg.com
中国中铁电气化局集团有限公司	北京市丰台区万寿路南口金家村一号电气化大厦	www.eeb.cn
中国铁建港航局集团有限公司	广东省珠海市横琴荣珠道 191 号金融传媒中心	www.hceb.crcc.cn
中铁上海工程局集团有限公司	上海市宝山区富联路 777 号	www.crecsh.com
中铁北京工程局集团有限公司	北京市门头沟区玉带东二街 161 号	www.caccc.com.cn

续上表

公司名称	地址	网址
中铁十一局集团有限公司	湖北省武汉市武昌区中山路 277 号	www.cr11g.com.cn
中铁十二局集团有限公司	山西省太原市西矿街 130 号	www.cr12g.com.cn
中国铁建大桥工程局集团有限公司	天津市空港经济区中环西路 32 号	www.crbec.com
中铁十四局集团有限公司	山东省济南市历下区奥体西路 2666 号	www.crssg.com
中铁十五局集团有限公司	上海市静安区共和新路 666 号	www.cr15g.com
中铁十六局集团有限公司	北京市朝阳区红松园北里 2 号	www.cr16g.crcc.cn
中铁十七局集团有限公司	山西省太原市平阳路 84 号	www.zt17.com
中铁十八局集团有限公司	天津市河西区柳林东	www.cr18g.com
中铁十九局集团有限公司	北京市经济技术开发区荣华南路 19 号	www.cr19.com
中铁二十局集团有限公司	陕西省西安市太华北路 89 号	www.cr20g.com
中铁二十一局集团有限公司	甘肃省兰州市安宁区北滨河西路 921 号	www.cr21g.com.cn
中铁二十二局集团有限公司	北京市石景山区石景山路 35 号	www.cr22g.crcc.cn
中铁二十三局集团有限公司	四川省成都市二环路西二段	www.cr23g.crcc.cn
中铁二十四局集团有限公司	上海市邯郸路 8 号	www.cr24g.crcc.cn
中铁二十五局集团有限公司	广东省广州市南沙区进港大道中国铁建环球中心二号楼	www.zt25j.com
中铁建设集团有限公司	北京市石景山区石景山路 20 号	www.ztjs.crcc.cn
中国建筑一局（集团）有限公司	北京市丰台区西四环南路 52 号	www.cscec1b.net

续上表

公司名称	地址	网址
中国建筑第二工程局有限公司	北京市丰台区汽车博物馆东路 6 号院 E 座	www.2bur.cscec.com
中国建筑第三工程局有限公司	湖北省武汉市东湖高新区高新大道 799 号中建光谷之星	www.3bur.cscec.com
中国建筑第四工程局有限公司	广东省广州市番禺区韦海路 220 号	www.4bur.cscec.com
中国建筑第五工程局有限公司	湖南省长沙市中意一路 158 号	www.5bur.cscec.com
中国建筑第六工程局有限公司	天津市河东区八纬路 219 号	www.6bur.cscec.com
中国建筑第七工程局有限公司	河南省郑州市经开区经开第十五大街 267 号	www.7bur.cscec.com
中国建筑第八工程局有限公司	上海市浦东新区世纪大道 1568 号	www.8bur.cscec.com
中建交通建设集团有限公司	北京市丰台区小屯路 100 号	www.comm.cscec.com
中交一公局集团有限公司	北京市朝阳区管庄周家井世通国际大厦 A 座	www.fheb.cn
中交第二公路工程局有限公司	陕西省西安市科技六路 33 号	www.shbcccc.com
中交第三公路工程局有限公司	北京市东城区安定门外大街丙 88 号 801	www.zjsgj.com.cn
中交第一航务工程局有限公司	天津市保税区跃进路航运服务中心 8 号楼	www.ccccyhj.com
中交第二航务工程局有限公司	湖北省武汉市东西湖区金银湖路 11 号	www.sneb.com.cn
中交第三航务工程局有限公司	上海市平江路 139 号	www.ccshj.com
中交第四航务工程局有限公司	广东省广州市海珠区沥滘路 368 号广州之窗总部大厦	www.cccc4.com
中交隧道工程局有限公司	北京市朝阳区管庄周家井大院内世通大厦 A 座	www.ccteb.com
中国水利水电第三工程局有限公司	陕西省西安市浐灞生态区世博大道 4069 号	www.cteb.com

续上表

公司名称	地址	网址
中国水利水电第四工程局有限公司	青海省西宁市昆仑东路 77 号	www.csdsj.com
中国水利水电第六工程局有限公司	辽宁省沈阳市浑南区智慧二街 178 号	www.6j.powerchina.cn
中国水利水电第七工程局有限公司	四川省成都市天府新区兴隆湖湖畔路南段 356 号	www.7j.powerchina.cn
中国水利水电第八工程局有限公司	湖南省长沙市天心区常青路 8 号	www.baju.com.cn
中国水利水电第九工程局有限公司	贵州省贵阳市观山湖区诚信南路 501 号（国际企业大厦）	www.9j.powerchina.cn
中国水利水电第十工程局有限公司	四川省成都市金牛区金科东路 50 号国宾总部基地 1 号楼	www.10j.powerchina.cn
中国水利水电第十一工程局有限公司	河南省郑州市高新技术开发区莲花街 59 号	www.cwb11.com
中国电建市政建设集团有限公司	天津市华苑产业区榕苑路 2 号	www.stecol.cn
中国水利水电第十四工程局有限公司	云南省昆明市官渡区环城东路 192 号	www.14j.powerchina.cn
中煤矿山建设集团有限责任公司	安徽省合肥市政务区习友路 898 号	www.ccmcgc.com
中煤第五建设有限公司	江苏省徐州市淮海西路 241 号	www.wujian.chinacoal.com
中煤特殊凿井有限责任公司	安徽省合肥市徽州大道 110 号	www.zmts.com
中冶建工集团有限公司	重庆市大渡口区西城大道 1 号	www.cmccltd.com
中冶天工集团有限公司	天津市空港经济区西二道 88 号	www.ctmcc.cn
中国葛洲坝集团股份有限公司	湖北省武汉市硚口区解放大道 558 号	www.cggc.cn
北京建工集团有限责任公司	北京市西城区广莲路 1 号建工大厦	www.bcegc.com
北京城建集团有限责任公司	北京市海淀区北太平庄路 18 号	www.bucg.com

续上表

公司名称	地址	网址
北京市政建设集团有限责任公司	北京市西城区南礼士路17号	www.szjt.bmrb.com.cn
北京城乡建设集团有限责任公司	北京市丰台区草桥东路8号院7号楼	
北京市政路桥股份有限公司	北京市西城区复兴门外南礼士路17号	www.bmrb.com.cn
北京城建道桥建设集团有限公司	北京市朝阳区西大望路12号	www.bucgdq.cn
上海建工集团股份有限公司	上海市东大名路666号	www.scg.com.cn
上海市基础工程集团有限公司	上海市黄埔区江西中路406号	www.sfeg.scg.com.cn
上海隧道工程股份有限公司	上海市宛平南路1099号	www.stec.net
上海市机械施工集团有限公司	上海市静安区洛川中路701号	www.chinasmcc.com
上海地铁盾构设备工程有限公司	上海市淮海中路1298号4楼	www.metroshield.com
上海磁浮交通发展有限公司	上海市浦东龙阳路2100号	www.smtdc.com
上海城建（集团）公司	上海市黄浦区蒙自路654号	
上海城建市政工程（集团）有限公司	上海市交通路1565号	www.sucgm.com
广东省建筑工程集团控股有限公司	广东省广州市流花路85号	www.gdceg.com
广东水电二局股份有限公司	广东省广州市增城区新塘镇广深大道西1号1幢水电广场A-1商务中心	www.gdsdej.com
广东省基础工程集团有限公司	广东省广州市天河区天河路99号天涯楼19、20层	www.gdceg.com/company/jichu
广东华隧建设集团股份有限公司	广东省广州市海珠区琶洲宸悦路28号保利叁悦广场C塔15楼	www.gdceg.com/company/huashui
广州市盾建建设有限公司	广东省广州市番禺区南村镇汇智三路25号奥园国际中心4号楼13、14层	www.dunjian.com
天津城建集团控股有限公司	天津市津南区睿科道丽港园32号楼	www.tjuc.cn

续上表

公司名称	地址	网址
天津市建工集团（控股）有限公司	天津市高新区华苑产业区开华道 1 号	www.tjcon.cn
天津城建集团有限公司工程总承包公司	天津市河西区资水道 26 号	
湖北省路桥集团有限公司	湖北省武汉市经济技术开发区东风大道 38 号	www.hblq.com
武汉市市政建设集团有限公司	湖北省武汉市沌口经济开发区春晓路 6 号	www.whszjt.com
武汉市汉阳市政建设集团有限公司	湖北省武汉市汉阳区四新北路 682 号	www.whhysz.com
郑州一建集团有限公司	河南省郑州市郑东新区龙子湖智慧岛尚贤街 6 号利丰国际大厦	www.zzyjjt.com
重庆建工集团股份有限公司	重庆市两江新区金开大道 1596 号	www.ccegc.cn
沈阳市政集团有限公司	辽宁省沈阳市铁西区北一西路 52 号金谷财富公馆 34 号楼	www.sysz.cn
西安市市政建设（集团）有限公司	陕西省西安市环城南路中段 20 号	www.xaszg.com
陕西建工控股集团有限公司	陕西省西安市北大街 199 号	www.sxjgkg.com
西安市政道桥建设集团有限公司	陕西省西安市二环北路西段 29 号	www.xaszdq.com.cn
海南省路桥投资建设集团有限公司	海南省海口市龙华区滨涯路 55 号晓云国际 2 号楼 9-16 楼	www.hnslq.com
湖南路桥建设集团有限责任公司	湖南省长沙市韶山南路 239 号	www.hnrb.cn
中铁隆工程集团有限公司	四川省成都市武科西二路 189 号	www.ranken.com.cn
四川锦绣山河交通工程有限公司	四川省成都市金牛区金凤凰大道 666 号中铁轨道交通高科技产业园 B 区 12 栋	www.jinxiujiaotong.com
腾达建设集团股份有限公司	浙江省台州市路桥区路桥大道东 1 号	www.tengdajs.com
浙江省大成建设集团有限公司	浙江省杭州市西湖区文三路 20 号省建工大厦 18 楼	
中天建设集团有限公司	浙江省东阳市吴宁东路 65 号	www.zjzhongtian.com

附录 3

中国盾构工程勘察设计单位

单位名称	地址	网址
北京城建设计发展集团股份有限公司	北京市西城区阜成门北大街五号	www.bjucd.com
北京市城市规划设计研究院	北京市西城区南礼士路 60 号	www.bjghy.com.cn
北京市勘察设计研究院有限公司	北京市海淀区复兴门外羊坊店路 15 号	www.bgi.com.cn
北京市市政工程设计研究总院有限公司	北京市海淀区西直门北大街 32 号 3 号楼（市政总院大厦）	www.bmedi.cn
重庆市轨道交通设计研究院有限责任公司	重庆市渝北区金童路童家院子轻轨综合基地	www.crtdri.com
广州地铁设计研究院股份有限公司	广东省广州市越秀区环市西路 204 号	www.dtsjy.com
湖北省交通规划设计院股份有限公司	湖北省武汉市汉阳区龙阳大道 7 号	www.hbcpdi.com.cn
吉林铁道勘察设计院有限公司	吉林省吉林市中兴街 56 号	www.crdc.com
上海市城市建设设计研究总院（集团）有限公司	上海市浦东新区东方路 3447 号城建设计大厦	www.sucdri.com
上海市隧道工程轨道交通设计研究院	上海市中山西路 1999 号	www.stedi.cn
上海市政工程设计研究总院（集团）有限公司	上海市杨浦区中山北二路 901 号	www.smedi.com
深圳市市政设计研究院有限公司	广东省深圳市笋岗西路 3007 号市政设计大厦	www.szmedi.com.cn
天津市政工程设计研究总院有限公司	天津市滨海高新技术产业开发区海泰南道 30 号	www.tmedi.com.cn
中国建筑东北设计研究院有限公司	辽宁省沈阳市和平区光荣街 65 号	www.nein.cscec.com
中国铁路设计集团有限公司	天津市自贸试验区（空港经济区）东七道 109 号	www.crdc.com

续上表

单位名称	地址	网址
中铁二院工程集团有限责任公司	四川省成都市金牛区通锦路 3 号	www.creegc.com
中交第二公路勘察设计研究院有限公司	湖北省武汉市经济技术开发区创业路 18 号	www.ccshcc.cn
华设设计集团	江苏省南京市秦淮区紫云大道 9 号	www.cdg.com.cn
中铁第一勘察设计院集团有限公司	陕西省西安市西影路 2 号	www.fsdi.com.cn
中铁二院工程集团有限责任公司	四川省成都市金牛区通锦路 3 号	www.creegc.com
中国中铁大桥勘测设计院集团有限公司	湖北省武汉市经济技术开发区博学路 8 号（沌口院区）、汉阳大道 34 号（汉阳院区）	www.brdi.com.cn
中铁第四勘察设计院集团有限公司	湖北省武汉市武昌杨园和平大道 745 号	www.crfsdi.com.cn
中铁第五勘察设计院集团有限公司	北京市大兴区黄村镇康庄路 9 号	www.t5y.crcc.cn
中铁电气化勘测设计研究院有限公司	天津市河东区江都路 33 号	www.tjedi.com.cn
中铁工程设计咨询集团有限公司	北京市丰台区广安路 15 号	www.zx.crec.cn
中铁上海设计院集团有限公司	上海市共和新路 1265 号	www.sty.sh.cn
中铁隧道勘测设计研究院有限公司	广东省广州市南沙区明珠湾起步区工业四路西侧自编 3 号	
中铁华铁工程设计集团有限公司	北京市丰台区丰台北路 36 号中铁华铁大厦	www.ztht.crec.cn
中铁西南科学研究院有限公司	四川省成都市高新西区古楠街 97 号	www.swi.com.cn
常州市规划设计院	江苏省常州市通江南路 257 号	www.czpad.com

附录 4

中国盾构工程监理单位

单位名称	地址	网址
北京地铁监理公司	北京市东城区苏州胡同 61 号院	
铁科院（北京）工程咨询有限公司	北京市海淀区大柳树路 2 号	www.rails.cn/zixun
北京华城工程管理咨询有限公司	北京市海淀区学清路 38 号金码大厦 B 座 1207、1210、1211	www.bjhcjl.com
北京建大京精大房工程管理有限公司	北京市西城区展览馆路 1 号	www.jjdf.com.cn
北京磐石建设监理有限责任公司	北京市海淀区增光路北沙沟市政写字楼 4 层 401	www.ps.bmrb.com.cn
北京赛瑞斯国际工程咨询有限公司	北京市丰台区总部基地海鹰路 6 号院 5 号楼	www.bjceris.com.cn
北京市高速公路监理有限公司	北京市海淀区厂西门路 2 号吉友大厦 3002 室	www.bjgsjl.com
北京双圆工程咨询监理有限公司	北京市海淀区中关村大街 27 号中关村大厦 10 层	www.syjl.com
北京四方工程建设监理有限责任公司	北京市海淀区西四环中路 15 号三楼	
中咨工程管理咨询有限公司	北京市海淀区车公庄西路 25 号 中国咨询集团	www.zzgl.ciecc.com.cn
北京铁城工程咨询有限公司	北京市石景山路 20 号	www.tcjl.com.cn
北京铁研建设监理有限责任公司	北京市大兴区金星路 12 号	
北京现代通号工程咨询有限公司	北京市丰台科技园区汽车博物馆南路 1 号院 B 座二层 B0201	www.thzx.crsc.cn
北京兴电国际工程管理有限公司	北京市海淀区首体南路 9 号 中国电工大厦 7 层 01	www.xdgj.com
北京逸群工程咨询有限公司	北京市大兴区经济技术开发区宏达中路甲 12 号	www.yqun.com.cn

续上表

单位名称	地址	网址
北京致远工程建设监理有限责任公司	北京市西城区复兴门北大街甲 3 号二层 201～207 室	
北京方达工程管理有限公司	北京市海淀区高粱桥斜街 44 号科技楼 6 层	
北京方圆工程监理有限公司	北京市海淀区复兴路 34 号	www.bjfyjl.com
北京国建工程监理公司	北京市海淀区增光路 45 号综合楼 7 层东侧	
北京中铁诚业工程建设监理有限公司	北京市丰台区航丰路 13 号崇新大厦 405	www.zx.crec.cn
广东创成建设监理咨询有限公司	广东省广州市越秀区水荫路 2 号恒鑫大厦西座 3、10 楼	
广东工程建设监理有限公司	广东省广州市越秀区白云路 111-113 号白云大厦 16 楼	www.gdpm.com.cn
广东海外建设咨询有限公司	广东省广州市天河区软件园建中路 59 号柏朗奴大厦 402 房	www.gdhwjl.com
广东建科建设监理有限公司	广东省广州市先烈东路 121 号大院内 6 栋 2 号	www.gdjkjl.com
广东建设工程监理有限公司	广东省广州市荔湾区流花路 73 号流花君庭三楼	www.gdces.cn
广东重工建设监理有限公司	广东省广州市黄埔区科学城揽月路 101 号保利中科广场 A 座 7 层	www.gdzgjl.com
广州地铁工程咨询有限公司	广东省广州市环市西路 204 号 4 号楼 3 楼	
广州市城市建设工程监理有限公司	广东省广州市越秀区北较场横路 12 号物资大厦 20-21 楼	www.gz-cjjl.com
广州市东建工程建设监理有限公司	广东省广州市越秀区东风中路 507 号首层	www.gzdjjl.com
广州市房实建设工程管理有限公司	广东省广州市越秀区东风中路 318 号嘉业大厦 19、29 层	www.gzfsjl.com
广州市穗芳智慧建设科技有限公司	广东省广州市南沙区海滨路 171 号南沙金融大厦第 11 层 1103 房	www.suifangtech.cn
广州穗峰建设工程监理有限公司	广东省广州市越秀区先烈中路 83 号凯城华庭 306 室	www.suifenggroup.com

续上表

单位名称	地址	网址
广州珠江监理咨询集团有限公司	广东省广州市越秀区永泰路 50 号之一首层	www.zjjl.cn
广州筑正工程建设管理有限公司	广东省广州市黄埔区水西路 197 号敏捷广场 D3 栋 18 层	www.truzem.com
上海天佑工程咨询有限公司	上海市杨浦区国康路 96 号上海国际设计中心南楼	www.tyzx.sh.cn
石家庄铁源工程咨询有限公司	河北省石家庄市北二环东路 17 号	www.stygczx.com
四川铁科建设监理有限公司	四川省成都市高新西区古楠街 97 号	www.sctkjl.com
中铁二院（成都）咨询监理有限责任公司	四川省成都市金牛区通锦路 3 号	www.zteyjl.com
中通服项目管理咨询有限公司	湖南省长沙市芙蓉区隆平高科技园远大二路 236 号天园通信技术研发基地研发楼 12 层	

图书在版编目（CIP）数据

中国盾构工程产品企业名录 / 北京盾构工程协会编; 乐贵平主编. — 3 版. — 北京 : 人民交通出版社股份有限公司, 2024. 9. — ISBN 978-7-114-19783-3

Ⅰ. F426.42-62

中国国家版本馆 CIP 数据核字第 2024E7N543 号

北京盾构工程协会系列丛书
Zhongguo Dungou Gongcheng Chanpin Qiye Minglu
书　　名：**中国盾构工程产品企业名录（第 3 版）**
著 作 者：北京盾构工程协会　乐贵平
责任编辑：李　梦
责任校对：赵媛媛
责任印制：刘高彤
出版发行：人民交通出版社
地　　址：（100011）北京市朝阳区安定门外外馆斜街 3 号
网　　址：http://www.ccpcl.com.cn
销售电话：（010）85285857
总 经 销：人民交通出版社发行部
经　　销：各地新华书店
印　　刷：北京印匠彩色印刷有限公司
开　　本：889×1194　1/16
印　　张：5.5
插　　页：4
字　　数：96 千
版　　次：2018 年 5 月　第 1 版
2020 年 10 月　第 2 版
2024 年 9 月　第 3 版
印　　次：2024 年 9 月　第 3 版　第 1 次印刷　总第 3 次印刷
书　　号：ISBN 978-7-114-19783-3
定　　价：158.00 元